창업 1년 차
김 사장은 어떻게
투자 유치에
성공했을까

지은이 이응진

법무법인 로플렉스 대표 변호사. 법률, 투자, 창업을 넘나드는 실무 경험을 바탕으로, 창업과 투자 협상의 현실을 누구보다 깊이 이해하는 전문가다. 서울대학교 법과대학을 졸업하고, 하버드 로스쿨과 뉴욕대 로스쿨에서 수학했다. 김앤장 법률사무소에서 파트너 변호사로 근무하며 국내외 주요 기업의 투자 계약과 M&A를 자문했고, 이후 중견 IT 기업, 실리콘밸리 현지 벤처기업, 사모펀드 운용사 스카이레이크인베스트먼트 등에서 법무 및 전략을 총괄했다. 2017년에는 항공 산업 전문가들과 함께 한국 최초의 하이브리드 항공사 에어프레미아를 공동 창업하고, 2021년 초까지 경영총괄부사장과 등기이사를 맡아 사업 초기의 전 과정에서 핵심적인 역할을 수행했다. 현재는 다수의 중소·중견 기업과 국내외 투자 펀드를 대상으로 법률 자문, 전략 수립, 계약 협상 및 실사 업무를 수행하고 있으며, 초기부터 마무리까지 협상의 전 과정을 설계하는 조력자로 활동 중이다. "From Napkin to Closing"이라는 그의 슬로건처럼, 단순한 법률 자문을 넘어 실행 가능한 전략과 현실적인 해답을 제시하는 데 주력한다.

창업 1년 차 김 사장은 어떻게 투자 유치에 성공했을까

초판 1쇄 발행 2025년 7월 30일

지은이 이응진 | **발행인** 박윤우 | **편집** 김유진 박영서 박혜민 백은영 성한경 장미숙 | **마케팅** 박서연 정미진 정시원 함석영 | **디자인** 박아형 이세연 | **경영지원** 이지영 주진호 | **발행처** 부키(주) | **출판신고** 2012년 9월 27일 | **주소** 서울시 마포구 양화로 125 경남관광빌딩 7층 | **전화** 02-325-0846 | **팩스** 02-325-0841 | **이메일** webmaster@bookie.co.kr | **ISBN** 979-11-93528-75-4 03320

※ 잘못된 책은 구입하신 서점에서 바꿔드립니다.

만든 사람들
편집 박영서 | **디자인** 이세연

은유현 지음

창업 1년 차 김 사장은 어떻게 투자 유치에 성공했을까

돈 구하기가 가장 어렵다는
당신을 위한 투자 협상 수업

INVESTOR'S MONEY

차례

추천의 글		006
들어가며		012
프롤로그 | 부먹이냐, 찍먹이냐		014

1부   시작은 가볍지만, 돈의 무게는 무겁다

1장	창업, 일단 시작은 했는데	022
2장	투자는 받았지만, 회사는 잃었습니다	032
3장	동업보다 투자가 쉽다?	038
4장	우리 회사의 가치는 얼마인가요?	050

2부   투자자의 생각을 읽다

5장	투자금은 같지만 조건은 다르다 —전환우선주식(CPS)	060
6장	숫자 하나로 뒤바뀌는 지분 —전환비율	068
7장	"상장은 못 하더라도, 투자금은 회수해야죠" —상환청구권	078
8장	지분율대로 나누는 게 아닌가요? —잔여재산분배 우선권	092

3부 협상이라는 이름의 전장에 들어서다

9장	돈이 들어오기 전에 확인해야 할 일들 —선행조건	104
10장	약속은 말보다 문서로 남겨야 한다 —양해각서(MOU)	114
11장	우리는 지금 서로의 비밀을 안고 있다 —비밀유지계약(NDA)	120
12장	사실대로 밝혀야 하나요? —진술 및 보증	124
13장	진실은 계약서 밖에 있다 —실사	140

4부 투자 계약은 끝이 아니라 또 다른 시작이다

14장	투자는 동행의 첫걸음이다 —주주 간 계약	148
15장	"이건 내 동의 없이는 못 해요" —사전동의권·위약벌·주식매수청구권	162
16장	"내 지분인데 왜 마음대로 팔 수 없지?" —우선매수권·동반매도청구권	186
17장	"이익이 났으면 배당을 받아야죠" —배당의무조항	204
18장	계약서의 한 문장이 모든 것을 바꾼다 —중대한 부정적 변화(MAC)	212

에필로그 | 새의 날개를 받쳐주는 일   222

추천의 글

저자와의 인연은 꽤 특별하다. 초등학교에서 대학, 사법연수원과 군법무관 훈련소에 이르기까지 같은 시기, 같은 공간에 있었다. 같은 학교를 다녔고, 넓게 보면 같은 법조계에 있었지만, 우리는 마치 마구간에서 나온 말처럼 서로 다른 길을 달려왔다. 그러던 중 그가 책을 썼다며 짧은 추천사를 부탁해왔다. 나는 오히려 긴 글이라면 쓰겠다고 역제안했다.

어떤 책이든 그 안에는 사람의 인생이 담긴다. 나는 오랜만에 저자의 삶을 따라가며, 다시 그를 만날 수 있었다. 프롤로그에 나와 있듯, 그는 편한 길보다 돌밭 길을 걸어온 사람이다. 하나만으로도 충분했을 재능을 여러 분야에 펼쳤고, 익숙한 것을 답습하기보단 매번 새로운 도전을 택했다. 그에게는 글쓰기도 또 하나의 도전이었을 것이다.

이 책이 저자에게 하나의 터닝 포인트가 된 건 아닐까 하는 생각이 든다. 톨스토이의 단편 〈사람에게는 얼마만큼의 땅이 필요한가〉에서 알 수 있듯이, 많은 사람들이 앞만 보고 달리다 끝내 돌아오지 못하는 길 위에 선다. 하지만 그는 이제 걸음을 멈추고, 자신이 지나온 길을 돌아보기 시작한 듯하다. 단순한 개인적 회고가 아니라, 그가 쌓아온 경험을 다음 세대에 건네기 위한 선택이었다면, 그게 바로 이 책의 출발점이 되었을 것이다. 그의 도전과 시행착오를 알고 있는 입장에서, 나는 이 책에 그 마음이 분명히 담겨 있음을 느낄 수 있었다.

나 역시 로펌 변호사로 십수 년 근무하던 시절, M&A 팀에서 일할 기회가 있었다. 그 팀에서 자주 들었던 말 중 하나가 '랩쌍워런티'였는데, 처음엔 무슨 뜻인지 전혀 감이 오지 않았다. 'Representations & Warranties'를 줄여 빨리 발음한 것인데, 이 책에서도 많은 부분을 할애하고 있는 '진술 및 보증' 조항이 그것이다. 당시엔 생소했지만, 나중에야 이게 민법에서 말하는 '하자담보책임'과 크게 다르지 않다는 걸 알게 되었다. 단지 대상이 물건이 아니라 기업이라는 점만 다를 뿐이었다. 민법 교과서나 수업 어디에서도 하자담보의 대상이 '기업'이 될 수 있다는 설명은 들어본 적이 없었다. 진작 그렇게 배웠더라면, 그 딱딱한 조항들도 훨씬 실감 나게 이해할 수 있었을 것이다. 그런데 저자는 이걸 '중고 기타를 사고팔 때'의 상황에 빗대 설명하니, 정말 무릎을 칠 수밖에 없었다.

저자가 든 기타, 팝송 등의 비유는 그가 워낙 다양한 분야에 관심과 재능이 있기 때문일 것이다. 〈Wind Beneath My Wings〉의 가사에 빗대어 창업자와 투자자의 관계를 설명한 대목은 그가 아니면 감히 흉내 낼 수 없다. 차갑고 건조한 계약의 언어 속에서도, 저자는 자신의 취향과 삶의 결을 자연스럽게 스며들게 하는 사람이다.

창업자, 투자자, 그리고 변호사는 각기 링 안팎으로 나뉘어 존재한다. 그런데 창업과 투자라는 링 안에서 치열하게 일해본 사람이, 다시 변호사의 자리로 돌아와 그 경험을 처음부터 끝까지 초보자도 이해할 수 있게 가상의 이야기로 풀어내는 일은 결코 쉬운 작업이 아니다. "돈에 영혼이 있다"라는 말을 좋아하지는 않지만, 투자자의 고뇌를 말하는 거라면 수긍할 수 있다. 이 책에는 그런 고뇌를 끝까지 경험한 저자가 전하고자 했던 실전 감각이 담겨 있다. 법률 의견서만으로는 도저히 담아낼 수 없는 이야기들이다.

이 책은 대학에서 교재로 쓰일 수도 있지만, 그보다는 이제 막 사회에 나온 변호사들이나 투자회사 직원들, 그리고 창업자들에게 더 필요할 것이다. 투자와 창업 생태계에 들어선 이들에게 이만한 실전 교과서가 또 있을까 싶다. 일독을 권한다.

남형두 ▶ 연세대학교 법학전문대학원 교수

대학이나 연구소에 몸담았던 젊은 창업자들이 뛰어난 기술력을 갖추고도, 투자나 계약 앞에서 당황하는 경우를 자주 본다. 기술의 우수성이나 창의성에는 깊이 몰두하지만, 막상 창업 과정에서 마주치는 투자자와의 협상, 계약서 작성과 같은 현실적인 문제에 대해서는 준비가 부족한 경우가 대부분이다. 그 결과, 처음 맞이하는 협상 테이블에서 중요한 판단을 놓치거나 장기적으로 회사의 운명을 뒤흔들 수 있는 조건에 무방비로 합의하는 실수를 저지르기도 한다.

이 책은 그런 창업자들이 실전에 앞서 반드시 거쳐야 할 '사전 훈련'과 같다. 투자 유치 과정에서 피할 수 없는 협상과 설득이라는 막연한 과제를, 투자 시뮬레이션을 통해 생생하게 체감시킨다. 특히 창업자 입장에서 반드시 생각해야 할 '좋은 선택'이란 무엇인지, 그 선택을 위해 어떤 질문을 던지고 어떤 기준을 세워야 하는지를 자연스럽게 익히도록 돕는다.

저자는 법률, 투자, 창업을 모두 경험한 보기 드문 전문가다. 그가 풀어내는 투자 협상의 장면들은 창업자의 실수를 막고 투자자의 신뢰를 얻기 위한 실용적인 조언과 전략으로 가득하다.

기술력만으로는 살아남기 어려운 요즘, 이 책이 생애 첫 협상에 나서는 모든 창업자를 위한 가장 실제적이고 구체적인 준비서가 될 것이라 믿어 의심치 않는다.

오상록　　　　　　　　　　　　　　　▶ KIST 원장

투자자로서 현장에서 수많은 창업자를 만나며 느낀 건, 대다수가 투자자, 특히 기관투자자의 입장과 논리를 제대로 이해하지 못한다는 점이다. 창업자는 어떤 사업을 하든 결국 사람과 돈을 구해야만 한다. 사람 경영에 대한 책은 많지만, 돈을 구하는 일의 현실과 디테일을 생생하게 다룬 책은 턱없이 부족하다. 이 책이 그 공백을 메꿔줄 것이라 확신한다.

제현주 ▶ 인비저닝파트너스 대표

창업의 뜨거운 시작부터 투자 협상의 치열한 순간까지, 이 책은 생생한 사례와 날카로운 통찰로 가득 찬 실전 바이블이다. 창업과 투자는 감이 아니라, 데이터와 협상력이 성패를 결정한다. 지금 이 순간, 그 현실적인 감각과 조언이 필요한 당신에게 이 책이 가장 믿을 만한 안내서가 되어줄 것이다.

민현기 ▶ 스카이레이크에쿼티파트너스 대표이사

20년 넘게 투자 현장을 누벼온 경험에 비추어보면, 협상의 벽은 대부분 오해에서 비롯된다. 상대방을 이해하고, 유연하고 생산적인 방향으로 협상을 이끌고 싶다면, 이 책만큼 좋은 시작은 없다.

김영민 ▶ 스카이레이크에쿼티파트너스 사장

기업의 투자 유치나 인수, 매각 모두 결국은 주식을 사고파는 거래지만, 그 이면에는 수많은 이해관계와 복잡한 조건이 얽혀 있다. 진짜 좋은 거래란 단순히 돈이 오가는 것이 아니라, 파는 사람과 사는 사람이 함께 성장하며 성과를 나누는 일이다. 이 책은 그런 '좋은 거래'를 위해 반드시 알아야 할 핵심을 정확하게 짚어준다.

김지태 ▶ 에어프레미아 공동창업자, 전 전략담당부사장

들어가며

어느 날 아침 산책길에 문득, 숨 가쁘게 뛰어온 지난 30년 동안 제가 변호사, 투자자, 창업자로서 쌓아온 경험을 통해서 배우고 느낀 것들을 이제는 정리해볼 때가 되었다는 생각이 들었습니다.

저는 1990년대 초, 한국과 미국 뉴욕주에서 변호사 자격을 취득한 이후 30년 넘게 기업 전문 변호사로 활동해왔습니다. 그동안 수많은 기업과 투자자 간의 투자 및 M&A 거래에서 투자사와 투자대상회사를 자문해왔고, 한국 최고의 사모펀드 운용사 중 하나로 평가받는 스카이레이크인베스트먼트Skylake Investment의 창립 멤버로 참여해 직접 기업투자 의사결정과 경영에 관여했습니다. 이후 동료들과 함께 한국 최초의 중장거리 하이브리드 항공사인 에어프레미아Air Premia를 설립하고, 투자자들로부터 수백억 원의 투자를 유치했으며, 최고운영책임자COO로 직접 운영에 참여하는 기쁨을 맛보기도 했습니다.

창업 1년 차 김 사장은
어떻게 투자 유치에 성공했을까

지금도 현업에서 활발히 활동 중인 많은 훌륭한 변호사와 투자자들에 비하면 저는 부족한 점이 많습니다. 하지만 창업자, 투자자, 그리고 이들을 자문하는 기업 전문 변호사라는 세 가지 역할을 모두 치열하게 경험해온 사람으로서, 제가 아니면 전하기 어려운 이야기들이 있다고 믿었고, 그 믿음이 이 책을 쓸 수 있는 용기를 안겨주었습니다.

부디 이 책에서 드린 조언들이 창업을 꿈꾸는 분들, 여유 자금으로 기업 투자를 고민 중인 분들, 기업 투자 자문을 전문으로 하는 변호사·회계사·컨설턴트를 준비하는 분들, 그리고 개인적으로나 사업적으로 중요한 협상을 앞두고 있는 분들께 조금이나마 도움이 되기를 바랍니다.

김앤장에서 기업 전문 변호사로 첫발을 내디뎠던 그때부터 지금까지, 30년이 넘도록 잊지 않고 있는 소중한 가르침을 주신 신희택 변호사님과 최동식 변호사님께 깊은 감사를 드립니다. 제가 지금까지 변호사로서 잘해온 것이 있다면 모두 두 분의 가르침 덕분입니다. 마지막으로 눈앞에 펼쳐져 있는 편안한 길 대신 제 가슴을 뛰게 하는 돌밭 길을 선택하려 할 때마다 변함없이 저를 믿고 응원해주며 너그럽게 감싸준 사랑하는 아내 이임순 교수와 늘 자랑스러운 원중, 도희에게 이 책을 바칩니다.

2025년 7월 성수동 사무실에서
이응진

프롤로그

부먹이냐,
찍먹이냐

요즘 창업과 투자에 대한 관심이 남녀노소를 불문하고 높아지고 있습니다. 사회적으로도 매우 바람직한 현상이라고 생각합니다.

창업이란 '기업'을 '창조'하는 일입니다.

"이런 서비스나 제품을 제공하는 회사가 왜 없지?"

"정말 없네! 이건 내가 잘할 수 있을 것 같아."

"그럼 내가 만들어야겠다!"

대부분의 창업은 이렇게 시작됩니다. 애플, 구글, 아마존, 네이버, 쿠팡 같은 거대한 기업도 그랬고, 제과점, 치킨집, 카페와 같은 소규모 창업도 다르지 않습니다.

제가 창업팀의 일원으로 참여했던 에어프레미아도 마찬가지였습니다.

"왜 우리나라 항공사에는 프리미엄 이코노미 좌석이 없지?"

"앞으로는 이코노미보다 편한 좌석에서 여행하고 싶어 하는 수요가 늘어날 텐데?"

"이건 우리가 잘할 수 있을 것 같아!"

"그렇다면 우리가 만들어야지!"

에어프레미아는 이렇게 출발했습니다. 비즈니스 클래스 대신 프리미엄 이코노미 좌석을 갖추고 미주와 유럽을 운항하는 한국 최초의 항공사, 그게 바로 우리가 만들고자 했던 회사였습니다.

저를 포함한 창업자 일곱 명은 각자의 분야에서 오랜 경험과 전문성을 쌓은 사람들이었지만, 누구도 항공사를 설립할 자금력을 갖추고 있진 않았습니다. 다만, 우리나라에 꼭 필요하지만 아직 존재하지 않았던 항공사를 만들겠다는 명확한 비전과, 어떤 어려움이 닥쳐도 이겨내겠다는 열정과 자신감을 갖고 시작한 일이었습니다.

초기 투자자들의 반응은 냉담했습니다.

"항공사요? 그건 아무나 하는 게 아닙니다."

"그렇게 잘될 사업이면 대한항공이나 아시아나가 벌써 하고 있었겠죠."

하지만 우리는 창업을 시작하고 채 2년이 되기 전, 항공사 면허에 필요한 자금을 모두 유치했고, 국토교통부로부터 면허를 취득했습니다. 그날의 감격은 아직도 생생하며, 아마 평생 잊지 못할 것입니다.

그렇다고 이 책이 에어프레미아의 창업 스토리를 다루는 건 아닙니다. 다만 이 이야기를 꺼낸 이유는, 아무리 크고 무모해 보이는 창업자의 꿈이라 할지라도, 그것이 구체적인 사업계획으로 정리되고 투자자를 설득할 수 있다면 충분히 현실이 될 수 있다는 점을 전하고 싶었기 때문입니다.

창업자들에게는 돈이 없지만 투자자들에게는 돈이 아주 많습니다. 그리고 투자자의 돈은 계좌에 머물러 있는 대신, 꿈을 실현할 준비가 된 기업으로 옮겨가 자신의 역할을 다하고 싶어 합니다. 그러니 단지 꿈이 크다는 이유로 그 꿈을 포기하지 않으시길 바랍니다.

○ □ ◇

창업 과정에 있어서 창업자가 갖추어야 할 가장 중요한 요건은 과연 무엇일까요?

멋진 아이디어? 돈? 훌륭한 동업자?

물론 이런 것들도 중요하지만 무엇보다 핵심은 '좋은 의사결정을 할 수 있는 능력'입니다. 이 능력이 부족하면 창업 과정뿐 아니라 투자 유치, 기업 운영 과정에서 크고 작은 실수들이 쌓이고, 어떤 실수는 치명적인 결과로 이어지기도 합니다.

좋은 의사결정 능력은 투자자에게도 마찬가지로 요구됩니다. 어떤 회사에, 어떤 조건으로, 얼마를 투자할지 결정하는 일부터, 투자 이후 어느 정도 경영에 관여할지 판단하는 일, 그리고 어느 시점에 투자금을 회수할지 결정하는 일까지 투자자 역시 수많은 중요한 결정을 내려야 합니다. 의사결정은 언제나 쉽지 않습니다. 결정은 선택이며, 선택은 곧 포기를 동반하기 때문입니다. 우리가 내리는 의사결정은 크게 두 가지 유형으로 나뉩니다.

첫 번째는 나에게만 영향을 미치는 결정입니다. 예컨대 점심 메뉴로 짜장면을 먹을지 짬뽕을 먹을지 고민하는 것처럼요. 누군가와 상의할 필요도 없고, 결과에 대한 책임도 내가 지면 됩니다. 이런 결정을 '제1유형 의사결정'이라 부르겠습니다. 제1유형의 의사결정도 마냥 쉬운 일은 아니지만 최소한 혼자 책임지면 되는 결정이기에 부담이 덜합니다.

두 번째는 함께 결정해야 하는 일입니다. '부먹이냐, 찍먹이냐'처럼요. 탕수육을 같이 먹는 사람과 소스를 부을지 말지를 두고 협의해야 하듯, 이 결정은 다른 사람에게도 영향을 미칩니다. 이런 결정을 '제2유형 의사결정'이라 부르겠습니다.

제2유형 의사결정은 그 결정이 영향을 미칠 사람과의 협상과 합의가 필요하기에 훨씬 더 어렵습니다. 창업과 투자 분야의 의사결정은 대부분 이 '제2유형'에 해당됩니다. 따라서 좋은 의사결정 능력은 곧 '좋은 협상 능력'과 직결된다고 볼 수 있습니다.

투자자의 돈이 창업자의 계좌로 옮겨지기 전까지, 양측은 서로에게 유리한 조건을 끌어내기 위해 치열하게 협상합니다. 그런데 문제는, 창업자든 투자자든 이런 협상 경험이 거의 없는 초보자인 경우가 대부분이라는 겁니다. 실리콘밸리의 연쇄창업자Serial Entrepreneur처럼 여러 회사를 성공적으로 창업하고 매각한 사람은 극소수에 불과하며, 대부분의 창업자는 생애 첫 창업에 도전하는 사람들입니다. 투자자 역시 풍부한 경험을 가진 전문 투자자보다는, 한두 번의 투자를 시도해보는 개인 투자자가 훨씬 많습니다.

문제는 이들이 실제 경험을 통해 배우기에는 위험 부담이 너무 크다는 데 있습니다. 단 한 번의 실패만으로도 재정적, 정신적, 육체적으로 회복이 어려운 상황에 놓일 수 있기 때문입니다. 그래서 창업과 투자 모두, 처음부터 올바른 이해와 준비가 절실히 요구되는 분야입니다.

이처럼 경험을 통해서 배우는 데는 한계가 있기에, 창업자와 투자자는 창업이나 투자와 관련된 전문서적이나 블로그, 유튜브 등을 통해 얻는 지식들에 주로 의존할 수밖에 없습니다. 실제로 구글, 네이버, 유튜브 같은 검색 서비스만으로도 투자 계약에 대한 수많은 정보에 접근할 수 있고, 최근에는 AI 기반의 서비스들까지 등장하면서 이제는 변호사와 같은 전문가들도 생계를 걱정해야 할 정도로 창업과 투자에 관한 정보를 쉽게 얻을 수 있는 시대가 되었습니다.

하지만 이런 정보들은 대부분 단편적인 내용을 전달하는 데 그치고, 창업자나 투자자가 실제로 창업이나 투자를 실행할 때 반드시 필요한 '좋은 의사결정 능력'과 '좋은 협상 능력'을 키우는 데까지 도움을 주는 경우는 드뭅니다.

그래서 저는 이 책에서 단순히 투자 계약에 있어 핵심적인 조항이나 관련 법률을 해설하는 데 그치지 않고, 실제 협상 현장에서 창업자와 투자자가 각각 어떤 조건을 고민하고, 어떤 방식으로 협상에 임해야 하는지를 사례를 통해 설명드리고자 했습니다. 이를 통해 독자 여러분이 향후 창업이나 투자를 준비할 때, 반드시 갖추어야 할 의사결정력과 협상력을 기를 수 있기를 바랍니다.

여러분의 이해를 돕기 위해, 이 책은 15년간 다니던 직장을 그만두고 'Magic Glove Korea'라는 회사를 창업하는 창업자 상훈과 그 회사에 투자하려고 하는 투자자 영민이 펼치는 협상의 전 과정을 따라가는 시뮬레이션 구성으로 만들었습니다.

처음 만남부터 조건 조율, 계약서 문구 확정에 이르기까지 단계별로 진행되는 협상의 흐름을 따라가다보면, 투자계약서의 각 조항이 결코 정해진 형식대로 기계적으로 작성된 것이 아니라, 창업자와 투자자 사이의 치열한 이해관계 조율과 협상의 결과물이라는 사실을 자연스럽게 이해하게 될 것입니다. 투자계약서는 일반적인 매매계약서나 용역계약서보다 훨씬 더 복잡하고 고도의 조율을 필요로 합니다. 따라서 이 책을 통해 투자 계약의 구조와 조항 하나하나의 배경을 충분히 이해하게 된다면, 앞으로 다른 계약서를 검토하거나 협상에 임할 때에도 분명 실질적인 도움이 될 것이라 확신합니다.

그럼 이제 창업자 상훈과 투자자 영민이 벌이는 실제 투자 협상의 과정, 그리고 그 협상의 결과물이 어떻게 계약서로 구체화되는지를 저와 함께 경험해보시죠.

1부

시작은 가볍지만, 돈의 무게는 무겁다

1장

창업,
일단 시작은 했는데

상훈은 15년 동안 근무하던 국내 의류 수입회사를 그만두고 창업에 도전하기로 했습니다. 그동안 모은 저축금과 퇴직금을 합하면 약 2억 원 정도의 창업 자금을 갖고 있다고 합니다.

그가 시작하려는 사업은 스웨덴에서 개발된 'Magic Glove'라는 장갑을 한국에 독점 수입해 판매하는 일입니다. 이미 일본에서는 상훈의 업계 지인이 4년 전에 이 사업을 시작했는데, 첫해에는 매출 5억 원에 1억 원의 손실이 있었지만, 2년 차에는 매출이 30억 원으로 늘어나 3억 원의 이익을 냈고, 3년 차에는 매출 60억 원에 이익이 9억 원에 달했다고 합니다. 상훈은 한국 시장에서도 충분히 비슷한 성장 가능성이 있다고 판단했습니다.

하지만 문제는 자금이었습니다. 스웨덴 본사와의 독점 수입 계약을 체결하려면, 계약일로부터 30일 이내에 2억 원을 선납해야 한다는 조항이 있었습니다. 여기에 더해 초기 재고 확보를 위한 주문 금액 1억 원, 사무실 보증금과 비품 구입 등 사업 준비 비용 1억 원, 그리고 첫해 운영 자금과 예상 손실을 감당할 예비 자금 1억 원까지 합하면 총 5억 원이 필요했습니다. 상훈이 가진 2억 원으로는 턱없이 부족했습니다.

그렇다면 상훈은 이 3억 원을 어떻게 마련해야 할까요? 상훈은 투자 유치를 시작하기 전 심사숙고 끝에 이렇게 생각을 정리합니다.

상훈

> 사업의 성공 가능성이 높으니 3억 원을 빌려 시작하고, 이후 이익으로 원금과 이자를 갚는 것이 나에게 가장 좋은 선택일 것 같아. 그렇게 하면 회사 지분도 100% 유지할 수 있으니까….

이후 상훈은 얼마 전 자신이 창업한 회사를 성공적으로 매각한 지인 영민을 찾아가 사업 이야기를 꺼냅니다. 그리고 다음과 같은 제안을 합니다.

상훈

> 이번에 제가 Magic Glove 독점 수입 사업을 위해 회사를 창업하려고 합니

> 다. 현재 가진 자금은 2억 원 정도인데, 3억 원이 더 필요합니다. 그 3억 원을 3년 간만 빌려주시면, 이자와 함께 꼭 갚겠습니다. 요즘 은행 금리가 4% 정도인데, 연 10%의 이자를 드리겠습니다. 부동산 담보는 없지만, 이 사업은 정말 확실합니다. 걱정하지 않으셔도 됩니다.

영민은 창업자 상훈의 제안을 듣고 이런 생각을 합니다.

영민

> 창업자인 상훈이 2억 원밖에 투자를 안 하는데 내가 3억 원을 넣으면 내 리스크가 더 큰 셈이잖아. 사업이 정말 성공할지는 아무도 모르고, 만약 잘못된다고 해도 상훈한테서 돈을 돌려받기는 어려울 텐데….

영민은 상훈의 제안을 거절하기로 마음먹고 정중하게 말합니다.

> 이미 투자한 곳들이 많아 여유가 없네요. 부디 사업 대박나시기 바랍니다.

영민

    영민은 자리에서 일어나고, 상훈은 창업 자금을 구하지 못한 채 터덜터덜 집으로 돌아갑니다. 하지만 과연 상훈은 창업자로서 최선을 다한 걸까요? 그렇지 않습니다. 상훈은 상대방인 영민의 입장을 충분히 고려하지 않았습니다. 창업자인 상훈보다 더 많은 금액을 부담하면서도, 수익은 연 10% 이자에 그치는 구조는 영민 입장에서 일방적으로 불리할 수밖에 없습니다.

    그날 밤, 상훈은 잠을 이루지 못하고 깊은 고민에 빠집니다. 그리고 다음 날, 영민을 다시 찾아가 진심을 전합니다.

> 어제는 제 생각이 짧았습니다. 제가 2억, 영민 님이 3억을 부담하는 구조라면, 돈을 빌려주시는 대신 함께 투자하시는 게 어떨까요? 출자 비율대로 지분

상훈

> 을 40:60으로 나누는 거죠. 놓치기엔 아까운 사업 기회라 꼭 같이하고 싶습니다.

이번에는 영민이 관심을 보입니다.

영민
> 음… 투자라…. 그럼 사업 내용에 대해서 좀 더 자세히 설명해주시죠.

상훈은 준비해온 사업계획서와 매출 추정 자료 등을 꺼내 영민에게 상세히 설명합니다. 상훈의 설득 끝에, 결국 영민은 고개를 끄덕이며 이렇게 말합니다.

영민
> 좋습니다. 상훈 님 제안대로 하죠. 투자계약서를 만들어서 내일까지 보내드리겠습니다.

다음 날 상훈은 영민의 변호사가 보낸 투자계약서를 대강 훑어본 뒤, 영민을 만나 계약서에 서명합니다. 그리고 영민은 상훈이 2억 원을 출자해 설립한 회사인 'Magic Glove Korea'(이하 MGK)에 주식인수대금 3억 원을 입금하고, MGK의 60% 주주가 됩니다.

과연 상훈은 창업자로서 올바른 의사결정을 한 것일까요? 그렇지 않습니다. 3억 원의 창업 자금을 조달하는 데 성공했음에도 불구하고, 상훈은 돌이킬 수 없는 실수를 저지른 셈입니다.

그 이유는 상훈의 제안이 MGK의 기업가치를 단 2억 원으로 책정한 구조였기 때문입니다. 상훈은 MGK를 설립하며 현금 2억 원을 출자했습니다. 그리고 영민에게 "자금 출자 비율대로 지분을 나누자"라고 제안함으로써, 회사의 가치를 곧 '자본금'의 크기로 환산해버린 셈이 됩니다. 즉 상훈이 투입한 2억 원 외에 MGK가 가신 다른 자산은 아무런 가치가 없다는 전제를 스스로 만들어버린 것입니다.

하지만 정말 MGK의 가치가 단지 현금 2억 원에 불과했을까요? 상훈은 오랜 시간 시장조사와 발품을 통해 Magic Glove라는 훌륭한 아이템을 발굴했고, 스웨덴 본사와 신뢰를 쌓기 위해 많은 시간과 자원을 들였을 것입니다. 또한 상훈이 오랫동안 의류업계에서 쌓아온 경험과 영업 노하우, 그리고 업계 내 신뢰와 평판은 Magic Glove의 한국 독점수입권을 확보하는 데 결정적인 역할을 했을 가능성이 큽니다. 이 모든 것은 돈으로 환산되기 어려운 무형자산이자, 창업자만이 쌓아올릴 수 있는 핵심적 성과입니다. 그런데 상훈은 "돈을 얼마나 넣었느냐"를 기준으로 지분을 나누자고 제안함으로써, 모든 기여와 자신의 가치를 스스로 부정해버린 것입니다.

그렇다면 상훈은 MGK의 기업가치를 얼마로 보고 영민에게 투자 제안을 했어야 할까요? 이 질문에 명확한 정답을 찾기는 쉽지 않습니다. 아마도 가장 현실적인 대답은, "결국 협상을 통해 결정될 수밖에 없다"일 것입니다. 다만 상훈이 Magic Glove 사업의 수익성과 성장 가능성을 감안할 때 MGK의 기업가치를 적어도 10억 원 정도로 평가받는 것이 타당하다고 판단했다면, 그에 맞춰 투자 조건을 제시했어야 합니다.

상훈이 MGK를 설립하며 2억 원을 출자할 때, 보통주의 액면가를 1주당 500원으로 설정했다고 가정해봅시다. 이 경우 그는 40만 주를 발행받아 보유하게 됩니다(2억 원 ÷ 500원 = 40만 주). 그렇다면 기업가치 10억 원 기준으로 투자를 유치하기 위해서는 주식 1주의 가치를 2500원으로 산정할 수 있습니다(10억 원 ÷ 40만 주 = 2500원).

주당 2500원은 액면가 500원의 5배이므로, 상훈이 제안한 조건은 소위 '5배수 투자'가 되는 셈입니다. 이 조건대로 영민이 3억 원을 투자한다면, 총 12만 주를 배정받게 됩니다(3억 원 ÷ 2500원 = 12만 주).

투자 이후 MGK의 주주는 상훈과 영민, 이렇게 두 명이 되며, 상훈은 기존의 40만 주, 영민은 새로 발행된 12만 주를 보유하게 됩니다. 총 발행주식수는 52만 주가 되고, 이에 따라 지분율은 상훈이 76.9%, 영민이 23.1%가 되는 것이죠.

하지만 상훈은 기업가치를 기준으로 협상하지 않고, 각자 투자하는 금액에 비례해 지분을 나누자고 성급히 영민에게 제안해버렸습니다. 그 결과, 2억 원을 투자한 상훈은 40%, 3억 원을 투자한 영민은 60%의 지분을 갖게 되었습니다.

만약 기업가치를 10억 원으로 평가해 영민에게 투자를 유치했더리면, 영민의 시분은 약 23.1%에 불과했을 것입니다. 실제로 상훈이 제안한 방식과 비교하면, 창업자 지분이 약 37%나 희석된 셈입니다. 문제는 이 모든 조건이 이미 투자계약서에 명시되어 있고, 영민은 해당 계약에 따라 주당 500원에 60만 주를 취득했다는 점입니다(3억 원 ÷ 500원 = 60만 주). 계약은 이미 성립되었고, 주식도 발행된 이상, 상훈이 뒤늦게 이를 후회하더라도 되돌릴 방법이 없습니다.

○ □ ○

투자자 영민이 이렇게 MGK의 지분 60%를 취득한 이후, 이 회사의 '주인'은 누구일까요? 실질적으로는 창업자이자 회사를 세운 상훈이 아닌, 투자자 영민이 주인입니다. 상훈은 여전히 자신이 MGK의 주인이라 항변할지도 모르지만, 저는 절대 그렇지 않다고 단언할 수 있습니다.

그렇다면 회사의 '주인'이 누구인지를 결정하는 기준은 무엇일까요? 물론 다양한 관점이 있을 수 있지만, 제가 그간의 경험을 통해 내린 결론은 이렇습니다. 회사의 주인은 '의사결정권'을 가진 사람입니다. 바로 그 의사결정 구조가 어떻게 작동하는지를, 이제 MGK라는 회사의 사례를 통해 살펴보겠습니다.

2장

투자는 받았지만,
회사는 잃었습니다

주식회사는 주주들에 의해 설립되며, 중요한 사항은 '주주총회'를 통해 이루어집니다. 하지만 모든 사안을 주주총회에서 다루는 건 비효율적이기 때문에 상법은 이사회를 두어 통상적인 업무를 처리할 수 있도록 하고 있습니다.

이사회는 주주총회에서 선임된 이사들로 구성되며, 이사들 중 '대표이사'를 선임해 일상적인 업무와 의사결정을 위임합니다. 이런 구조를 통해 회사는 보다 빠르고 유연한 경영이 가능해집니다.

○ □ ○

이제 MGK로 돌아가보겠습니다. 앞서 살펴본 대로 MGK의 주주는 창업자인 상훈과 투자자인 영민, 두 명이며, 지분율은 각각 40%와 60%입니다. 상법에 따르면 주주총회의 의결은 출석한 주주의결권의 2/3 이상의 찬성이 필요한 '특별결의사항'을 제외하고는, 출석한 주주의결권의 과반수 찬성으로 결정됩니다. 그리고 주주들은 보유 주식 1주당 1개의 의결권을 갖는 구조에서, 60%의 지분을 가진 영민이 사실상 대부분의 안건을 단독으로 결정할 수 있습니다. 말 그대로 주주총회는 영민의 손에 달려 있다고 해도 과언이 아닙니다.

이사회 역시 주주총회에서 선임된 이사들로 구성되며, 특별결의사항이 아니므로 영민이 단독으로 전원 선임할 수 있습니다. 따라서 대표이사 선임을 포함한 모든 이사회의 의사결정은 모두 영민의 결정에 좌우됩니다. 결과적으로 MGK의 경영권 전반이 투자자 영민에게 집중되는 것입니다.

물론 현명한 투자자라면, MGK의 사업을 누구보다 잘 이해하고 있고 40%의 지분을 가진 상훈에게 대표이사 자리를 맡길 가능성이 높습니다. 특히 설립 초기에는 창업자의 실행력이 중요한 만큼, 상훈이 대표이사를 맡는 것이 자연스러운 선택일 수 있습니다.

그러나 대표이사가 이사회나 주주총회의 결의 없이 독자적으로 할 수 있는 결정은 일상적인 업무 범위에 한정되며, 이사회 결의에 따라 언제든지 교체될 수 있습니다. 상훈과 영민의 관계가 악화되는 순간, 영민은 자신이 선임한 이사들을 통해 상훈을 대표이사 자리에서 물러나게 할 수 있다는 것이죠. 결국 상훈은 대표이사라는 명함을 갖고 있더라도, 60%

지분을 가진 영민의 눈치를 보며 불안정한 위치에 있을 수밖에 없는 현실에 놓이게 되는 것입니다.

그럼에도 창업자 상훈은 대표이사로서 회사를 잘 이끌면 지분율은 크게 중요하지 않다고 생각하고 있었을 수도 있습니다.

상훈

> 지분을 좀 덜 갖더라도 나는 대표이사로서 MGK를 멋진 회사로 키우는 데 집중하면 돼. 지분 같은 건 중요하지 않아!

이런 생각으로 영민에게 60%의 지분을 선뜻 넘겼다면, 상훈이 지나치게 순진한 창업자라는 사실을 부정할 수는 없을 겁니다. 그리고 그 결과는 적어도 법적으로는 상훈에게 매우 불리한 상황으로 이어질 수밖에 없습니다. 물론 영민이 상훈에게 대표이사 자리를 계속 맡기고, MGK가 순조롭게 성장해 두 사람 모두 동화처럼 "그렇게 행복하게 살았답니다"로 마무리된다면 더없이 좋겠지만, 현실은 그렇게 아름답게 흘러가는 경우가 매우 드뭅니다.

머지않아 상훈은 실질적인 권한을 잃고 MGK를 쓸쓸히 떠나게 될지도 모릅니다.

어떻게 영민 님이 나에게 이럴 수 있습니까?

상훈

그리고 그 가능성은 여러분이 예상하는 것보다 훨씬 높습니다. 스스로를 이런 상황에 빠뜨린 창업자 상훈에 대해, 제가 내릴 수 있는 평가는 주저 없이 '0점'입니다.

○ □ ◇

지금까지 우리는 창업자 상훈의 두 가지 실수 시나리오를 살펴보았습니다. 그중에서도 투자자 영민에게 60%의 지분을 넘긴 두 번째 실수가 훨씬 더 치명적이었다는 점을 설명했습니다. 상훈은 영민에게 60%의 지분을 제안함으로써 필요한 자금을 '아주 쉽게' 조달하는 데에는 성공했지만, 그 대가로 회사의 주인 자리를 넘겨주는 결과를 초래했습니다.

첫 번째 실수, 즉 영민에게 연 10%의 이자로 3억 원을 빌려달라고 제안했던 상훈에게는 아직 두 번째 기회가 있었습니다. 영민이 그 제안을 거절했고, 아직 아무런 계약도 체결되지 않았기 때문입니다. 즉 상훈에게는 더 공부하고 더 고민한 뒤, 영민이나 다른 투자자로부터 보다 합리적인 조건으로 창업 자금을 조달할 기회가 여전히 남아 있었습니다. 이 경우에는 아직도 '실패는 성공의 어머니'라는 말이 적용될 수 있겠죠. 그렇기 때문에 영민에게 60%의 지분을 준 두 번째 실수가 더 치명적일 수밖에 없는 것입니다.

결국 창업자와 투자자 간의 협상에는, 앞서 살펴본 두 극단적인 선택 외에도 수많은 가능성과 균형점이 존재합니다. 마치 정치가 단순히 보수와 진보로만 나뉘는 게 아니라 그 중간에 다양한 스펙트럼이 존재하듯, 좋은 협상이란 그 중간 지점을 현명하게 찾아가는 과정일지도 모릅니다.

3장

동업보다
투자가 쉽다?

지난 장에서는, 창업자인 상훈이 단순히 자금을 조달하는 데 그치지 않고, 투자자와 함께 더 합리적이고 균형 잡힌 투자 구조를 고민해야 한다는 점을 말씀드렸습니다.

하지만 창업자와 투자자 모두가 만족할 수 있는 투자 구조를 만드는 일은 결코 쉬운 작업이 아닙니다. 그 이유는 간단합니다. 창업자의 꿈과 투자자의 꿈이 서로 다르기 때문입니다. 한마디로 말해, 창업자 상훈의 꿈은 자신이 창업한 MGK를 멋진 기업으로 성장시키는 것이고, 투자자 영민의 꿈은 MGK에 대한 투자로부터 최대한의 수익을 거두는 것입니다.

물론 투자자 중에는 재무적 투자자Financial Investor, FI도 있고, 전략적 투자자Strategic Investor, SI도 있습니다. 재무적 투자자는 주로 수익을 목적으로 투자하며, 전략적 투자자는 본인의 사업과 시너지를 얻기 위한 전략적 목적도 함께 갖고 투자합니다. 그러나 투자 유형을 떠나, 투자자에게 있어 '투자수익'은 항상 중심에 있는 목적임에는 틀림없습니다. 재무적 투자자 중에는 최근 '임팩트 투자자Impact Investor'라고 불리는 유형도 있습니다. 이들은 단순히 투자수익의 극대화만을 추구하지 않고, 투자대상회사가 '사회에 미치는 긍정적인 영향Social Impact'을 중요한 의사결정 기준으로 삼습니다. 한국에는 D3쥬빌리파트너스와 인비저닝파트너스 등이 대표적인 임팩트 투자사로서 활발하게 투자 활동을 전개하고 있습니다. 이처럼 투자자의 유형에는 여러 갈래가 있지만, 이 책에서는 앞으로 투자자 영민을 재무적 투자자로 전제하고 설명을 이어가겠습니다.

창업자와 투자자 간의 꿈의 차이는 투자 협상을 어렵게 만드는 요인 중 하나입니다. 하지만 이 차이를 서로 명확히 이해하고 상대의 입장을 존중하며 접근한다면, 오히려 같은 꿈을 가진 사람들끼리 동업하는 것보다 더 건강하고 합리적인 협상이 이루어질 수 있습니다.

두 사람이 함께 창업하는 동업 관계를 떠올려보면, 힘든 일을 나누고 창업 자금도 분담하니 단독 창업보다 훨씬 수월한 면이 있는 건 분명합니다. 하지만 두 공동창업자가 지분을 50:50으로 정확히 나누어 회사를 설립했다면, 그 회사의 주인은 누구일까요? 둘 다 주인이지만, 동시에 아무도 주인이 아닐 수 있습니다.

지난 장에서 회사의 '주인'은 의사결정권을 가진 사람이라고 설명했습니다. 그리고 그 의사결정이 주주총회, 이사회, 대표이사 각 단계에서 어떻게 이루어지는지도 짚고 넘어갔죠. 결국 한마디로 요약하자면, 회사의 의사결정은 '다수결'의 원칙에 따라 이루어집니다.

그런데 50:50 지분 구조에서는 어느 한쪽도 '다수'가 아닙니다. 두 명의 공동창업자가 늘 뜻을 같이한다면 아무런 문제가 없겠지만, 현실에서는 그런 일이 거의 일어나지 않습니다. 심지어 창업자들이 창업 이전에 얼마나 가까운 관계였는지와 무관하게 의견 충돌을 피할 수 없는 순간이 언젠가는 반드시 찾아옵니다.

그렇다면 50:50 지분 구조에서 공동창업자들의 의견이 엇갈리는 경우, 회사는 어떻게 의사결정을 내릴 수 있을까요? 안타깝게도 상법은 이러한 상황을 조정해줄 수 있는 장치를 마련해두고 있지 않습니다. 공동창업자 간에 합의가 이루어지지 않는 한, 회사는 어떤 결정도 내릴 수 없게 됩니다. 직원 한 명도 고용할 수 없고, 연구개발에 필요한 서버 한 대도 구입할 수 없습니다.

이처럼 의사결정이 완전히 멈춰버린 상황을 우리는 교착상태, 즉 '데드락Deadlock'이라고 부릅니다. 그리고 50:50

지분 구조로 이루어진 동업계약서Joint Venture Agreement에서 가장 복잡하고 민감한 조항이 바로 이 데드락 조항입니다. 그 복잡한 협상은 결국 '서로 헤어지는' 단 하나의 결론으로 수렴됩니다. 슬픈 일이지만 이게 현실입니다. 그래서 저는 그동안 동업 형태로 창업하려는 고객들을 자문할 때, 정말 불가피한 사유가 없는 한 50:50 지분 구조는 가급적 피하도록 조언해왔습니다.

○ □ ○

이런 동업 관계와는 달리 재무적 투자자는 회사의 사업 진행이나 일상적 운영에 적극적으로 참여하려 하지 않는 것이 일반적입니다. 왜냐하면 재무적 투자자가 어떤 회사에 투자하기로 결정했다는 것은, 그 회사의 사업모델과 창업자의 역량에 대해 일정 수준 이상의 신뢰를 갖고 있다는 전제가 있기 때문입니다.

그렇다면 재무적 투자자들이 가장 신경을 많이 쓰는 부분은 무엇일까요? 바로 '돈'과 관련된 문제입니다. 예를 들어 투자 이후에 다른 투자자가 더 유리한 조건으로 투자하는 경우는 없는지, 회사가 창업자나 그 가족에게 과도한 연봉을 지급하거나 회사 자금을 빌려주고 있지는 않은지, 또는 수익이 발생했을 때 그 수익을 어떻게 배당할 것인지 등 회사의 자금 운용과 관련된 사안은 정말 다양합니다. 재무적 투자자들은 이런 금전적 이해관계가 얽힌 부분들에 대해서는 매우 민감하게 반응하며, 철저하게 감독하고 통제하려는 성향을 가집니다.

따라서 창업자가 재무적 투자자와 투자 협의를 진행하면서 합리적인 설명 대신 감성적인 호소에 기대려 한다면, 그 협상은 산으로 갈 가능성이 매우 높습니다.

창업자: 그냥 믿고 맡겨주세요. 제가 합리적으로 결정하겠습니다. 저 믿으시죠?

하지만 자금 운용과 관련된 문제는 재무적 투자자의 투자 목적 달성 여부와 직결되는 핵심 영역입니다. 이런 상황에서 감정적 호소가 등장하면 재무적 투자자는 오히려 "그 부분은 창업자를 믿지 못한다"라는 입장을 드러낼 수밖에 없고, 그 순간 협상 분위기는 빠르게 냉각될 수 있습니다.

제 경험에 비추어볼 때, 협상에서 가장 중요한 것은 '상대방의 입장을 정확히 이해하고 배려하는 능력'이라고 생각합니다. 이런 태도 없이, 오직 '내게 가장 이익이 되는 것'만을 기준으로 접근하는 협상은 마치 끝없이 평행선을 달리는 철도 레일처럼, 결코 합의점에 도달하지 못하는 경우가 많습니다.

그런데 협상에서 이보다 더 중요한 것이 하나 있습니다. 바로 '자기 자신의 입장에 대한 정확한 이해와 배려'입니다. 놀랍게도 많은 사람들이 자신이 협상에서 진정으로 지켜야 할 것이 무엇인지조차 명확히 알지 못한 채 협상에 임하는 경우가 많습니다. 이 문제는 앞서 등장한 창업자 상훈의 모습에서 그대로 드러났습니다.

창업자 상훈이 스스로를 단지 '창업을 해야 하는데 돈이 3억 원 부족한, 아주 절박한 사람'이라고만 여긴다면, 그 순간부터 그는 협상 과정에서 상대방에게 철저히 끌려갈 수밖에 없습니다. 자신이 협상 목표를 '3억 원 조달'로만 좁게 규정해 버리면, 그 목표를 반드시 달성하기 위해 무엇이든 양보할 수 있다는 입장을 성급하게 취할 가능성이 높기 때문입니다.

만약 상훈이 Magic Glove 사업의 가능성에 확신이 있다면, 스스로를 단순히 자금이 부족한 창업자가 아니라, 훌륭한 사업 기회를 발굴해낸 능력 있는 창업자로 인식해야 합니다.

그리고 이렇게 생각해야 합니다.

상훈

> MGK의 사업성과 전망에 대해 합리적으로 판단할 수만 있다면, 지금 내 앞에 있는 영민 외에도 MGK에 투자하고 싶어 하는 사람은 얼마든지 있을 거야. 나는 지금 투자자에게 매우 매력적인 기회를 제안하고 있는 고마운 존재라고 할 수 있지.

    물론 이런 자신감이 진짜 힘을 가지려면 반드시 객관적인 근거가 바탕이 되어 있어야 합니다. 감정이나 믿음이 아닌, 투자자에게도 자신 있게 제시할 수 있는 구체적인 사업계획과 수치, 시장 분석 등이 뒷받침되어야 하죠. 창업자는 이 근거를 투자 유치 전에 급하게 만들 것이 아니라, 창업 이전에 충분한 시간과 노력을 들여 준비해두어야 합니다. 만약 이런 근거조차 확보하지 못했다면, 투자 유치는 물론 창업 자체를 다시 고민해볼 필요가 있습니다.

○ □ ○

협상이란 본질적으로 'Give and Take', 즉 주고받기의 과정입니다. 한쪽이 "이 조항은 내가 양보할 테니, 저 조항은 당신이 받아달라"라고 제안하면, 상대는 그것을 수락하거나 거절하는 식의 거래가 끊임없이 반복됩니다. 당연히 협상 당사자들은 '덜 주고, 더 받는' 결과를 원합니다. 그렇다고 해서 무작정 밀어붙이는 것이 능사는 아닙니다.

이런 협상을 가능하게 만드는 열쇠는, 다음과 같은 조항을 정확히 찾아내는 데 있습니다.

1. 나에게는 중요하지 않지만, 상대방에게는 매우 중요한 조항
2. 상대방에게는 중요하지 않지만, 나에게는 매우 중요한 조항

핵심은 간단합니다. 1번을 주고 2번을 받으면 되는 것이 죠. 내가 양보하는 조항이 상대방에게는 중요하지만 나에게는 그다지 중요하지 않은 1번 조항이라면,[1] 상대는 내가 큰 결단을 한 것으로 받아들일 가능성이 높습니다. 그 대가로 상

대방이 양보해줄 가능성이 높은 2번 조항을 받을 수 있게 되고, 이 조합이 성사되면 협상은 성공적으로 타결될 가능성이 매우 높아집니다.

예를 들어보겠습니다. 창업자는 일정 시점 이후에는 투자자의 주식을 상환해 자신의 지분율을 높이고 싶어 하고, 그래서 상환에 대한 부담을 크게 느끼지 않습니다. 반면 투자자는 자신의 투자금 회수를 위해 상환청구권Redemption Right 조항을 강하게 원합니다. 이 경우 상환청구권은 투자자에게는 매우 중요한 조항이지만, 창업자에게는 큰 손해가 아닌 조항이 됩니다. 즉 창업자의 입장에서 이 조항은 1번에 해당합니다. 이런 조항을 전략적으로 '주는 것'만으로도 협상의 흐름을 자신에게 유리하게 바꿀 수 있습니다.

하지만 창업자가 상환청구권에 대해 너무 쉽게 받아들이는 태도를 보인다면, 협상 카드로 활용할 수 있는 기회를 잃게 됩니다.

1   절대로 1번에 해당되는 조항이 나에게 별로 중요하지 않다는 사실을 상대방에게 알려주거나 들키면 안 됩니다.

> 상환청구권은 저에게 크게 부담되지 않으니, 그대로 수용하겠습니다.

창업자

이렇게 되면 상대방은 이 조항이 창업자에게 중요하지 않다는 사실을 알아차리게 되고, 그 순간부터 이 조항은 더 이상 1번이 아니게 됩니다. 협상에서 유리하게 활용할 수 있었던 소중한 카드가 사라지는 셈입니다.

창업자는 '이 조항이 나에게 별로 중요하지 않다'라는 사실보다 '상대방에게는 매우 중요하다'라는 점에 주목했어야 합니다. 그리고 이를 양보하는 대가로 자신에게 중요한 조건을 얻어내려는 시도가 반드시 필요했습니다. 이를테면 의무배당비율을 70%에서 50%로 낮춰 회사의 여유 자금을 확보하거나, 팀장 이상 채용 시 투자자 동의를 요구하던 조항을 임원 이상으로 조정해 창업자가 실무 인사에 대해 더 많은 권한을 가질 수 있도록 협의하는 방식이 될 수 있습니다. 이처럼 상대에게 덜 중요한 것을 내가 얻고, 나에게 덜 중요한 것을 상대에게 주는 것이 협상의 기본 전략입니다.

창업자가 이런 전략적인 협상을 성공적으로 이끌기 위

해서는 자기 자신과 협상 상대에 대한 충분한 공부와 분석이 필요합니다. 규모가 큰 투자나 기업 인수에서 창업자들이 변호사, 회계사, 컨설턴트 등 전문가들에게 자문료를 지불하며 도움을 받는 이유 중 하나도 바로 이런 협상 전략과 이해관계 분석에 대한 조언을 얻기 위해서입니다.

4장

우리 회사의 가치는 얼마인가요?

기업가치를 판단하고 이를 기반으로 상대방을 설득하는 일은 매우 어렵습니다. 그리고 이 어려움은 창업자뿐 아니라 투자자에게도 동일하게 주어지는 과제입니다.

예를 들어 어느 정도 규모가 있는 상장회사의 경우, 증권사들이 발표하는 리포트마다 목표주가가 제각각인 경우를 흔히 볼 수 있습니다. 전문가들조차 같은 기업의 가치를 다르게 평가하는 것이 현실입니다. 이처럼 기업가치를 정확히 평가한다는 것 자체가 가능한 일인지조차 의문이 들 정도로, 기업가치의 산정은 협상에서 가장 불확실하고 주관적인 영역 중 하나입니다.

그런 점에서 창업자 상훈이나 투자자 영민이 MGK의 기업가치를 '정확히' 평가하는 것은 사실상 불가능합니다. 하지만 기업가치가 정해져야만, 영민이 인수할 주식의 1주당 가격과 주식수가 결정됩니다. 그렇다면 기업가치를 정확히 평가할 수 없을 경우, 투자는 어떻게 이루어져야 할까요? 물론 현실에서 기업가치는 창업자와 투자자의 협상으로 정해지지만, 양쪽 입장 차가 너무 크면, 그 자체가 협상의 결정적인 장애물이 되기도 합니다.

○ □ ○

이제 MGK의 사례로 돌아가 기업가치를 두고 상훈과 영민이 어떤 입장을 갖고 있는지 직접 들어보겠습니다.

상훈

> 일본에서는 창업 3년 차에 매출 80억 원, 순이익 8억 원을 달성했습니다. 한국 시장 규모와 상황을 고려하더라도, MGK 역시 3년 차에는 적어도 매출 60억 원, 순이익 6억 원은 충분히 가능하다고 봅니다. 주가수익비율(이하 PER)을 보수적으로 5만 적용해도, 3년 후 MGK의 기업가치는 30억 원으로 산정됩니다. 지금 기업가치 10억 원 기준으로 액면가의 5배, 즉 주당 2500원에 3억 원을 투자하면, 3년 후에는 약 150%의 수익이 가능한 구조입니다.

영민

일본에서 성공했다고 해서, 한국에서도 꼭 성공한다는 보장은 없다고 봅니다. 물론 좋은 참고 사례인 건 인정합니다만, 저는 좀 더 보수적으로 보는 편입니다. 3년 차 기준으로 매출은 20억 원, 순이익은 1억 원 정도가 될 가능성이 높다고 봅니다. 이 기준에서 PER 5를 적용하면 MGK의 기업가치는 5억 원 정도가 타당합니다. 따라서 지금 제안하신 기업가치 10억 원과 주당 2500원은 다소 과한 조건입니다. 제 생각에는 기업가치 5억 원 기준으로 액면가의 2.5배, 즉 주당 1250원이 적절하다고 판단됩니다.

창업자 상훈과 투자자 영민의 입장 차이가 쉽게 좁혀지지 않을 듯하죠? 이런 상황에서도 과연 협상을 통해서 MGK의 기업가치에 합의하는 것이 가능할까요?

> 영민 님, 그렇게 안 봤는데 돈 좀 있다고 너무 하십니다. 제가 제 인생을 걸고 창업하는 회사의 가치를 고작 5억 원으로 평가하시다니, 마음이 많이 상하네요. 투자 제안은 없었던 걸로 합시다.

만약 창업자 상훈이 투자자 영민의 제안에 감정적으로 반응하며 협상을 끝내버린다면, 그 순간 투자 협상은 그대로 무산되고 맙니다.

> 그래요…. 이 사업을 잘 모르는 영민 님 입장에서는 그렇게 판단하실 수도 있겠죠. 영민 님의 생각도 일리가 있으니, 제안하신 조건으로 하겠습니다.

반대로 상훈이 이렇게 영민의 입장을 그대로 받아들인다면, 그 결과는 어떻게 될까요?

영민

> 어? 창업자가 자기 사업에 대해 이렇게 확신이 없는 건가? 앞으로 사업을 하면서 치열한 협상을 해야 할 일도 많을 텐데, 다른 협상에서도 이렇게 소극적인 태도를 보인다면 투자하기가 좀 꺼려지는데….

이런 의심은 투자자 영민의 입장에서 보면 충분히 합리적인 반응입니다.

영민

> 오늘 나눈 이야기 많은 도움이 됐습니다. 제가 하루만 더 생각해보고, 투자 여부는 내일까지 알려드릴게요. 좋은 제안주셔서 감사합니다.

협상이 쉽게 마무리될 것이라 기대했던 상훈에게, 영민은 애매한 인사를 남기고 그날의 협상 테이블을 떠납니다. 그리고 다음 날 상훈은 영민에게서 문자 메시지를 받습니다.

영민

> 어제 고민을 많이 해봤는데, 제가 이 분야를 너무 잘 몰라서 투자하는 게 아무래도 좀 꺼려집니다. 미안합니다.

긍정적인 연락을 기대하던 창업자 상훈은 크게 실망합니다. 이번에도 창업자의 협상 전략은 실패로 돌아갔습니다.

○ □ ○

지난 장에서 협상에서 가장 중요한 것은 상대방에 대한 정확한 이해와 배려라고 말씀드렸습니다. 그렇다면 영민의 입장을 알고 나서, 그의 제안을 곧바로 받아들인 상훈은 왜 '배려'를 했음에도 불구하고 창업자로서 점수는 0점일까요?

그 이유는 상훈이 영민의 입장을 '배려'한 것이 아니라, 그의 주장에 '굴복'했기 때문입니다. 배려와 굴복은 분명 다릅니다.

상훈이 이해하고 배려했어야 하는 것은, 단순히 '영민이 더 낮은 가격에 투자하고 싶어 한다'라는 희망이나 욕심이 아니라, 'MGK의 향후 사업성과에 대한 불확실성에서 비롯된 투자자의 불안감'이었습니다. 영민은 바로 그 불안감 때문에 3년 차 매출과 이익 추정치를 보수적으로 보고, 그 불안감을 상쇄하기 위해 기업가치 5억 원 기준의 투자를 제안했던 것입니다.

따라서 상훈이 했어야 할 진짜 역할은 영민이 갖고 있는 불안감을 줄일 수 있도록 투자 구조를 설계하고 조정하는 일이었을 것입니다.

돌이켜보면 상훈은 영민의 조건을 충분히 검토하거나 대안을 고민하기보다, 서둘러 받아들이는 쪽을 택했습니다. 이는 배려라기보다 투자를 성사시키기 위한 굴복에 가깝습니다. 협상에서 필요한 건 이해와 조율이지, 일방적인 수용이 아닙니다.

2부

투자자의
생각을 읽다

5장

투자금은 같지만
조건은 다르다

전환우선주식(CPS)

앞서 말씀드린 것처럼, 투자의 기준이 되는 기업가치를 정확히 판단하는 일은 매우 어렵습니다. 그 이유는 간단합니다. 누구도 미래를 확실하게 예측할 수는 없기 때문입니다.

창업자는 자신이 속한 산업과 사업 모델에 대해 잘 알고 있기에, 향후 시장 전망이나 성과에 대해 상대적으로 더 낙관적인 예측을 하게 되는 경향이 있습니다. 하지만 의도했든 아니든, 그 예측이 지나치게 '무지갯빛'인 경우도 적지 않습니다.

반면 투자자는 불확실성을 전제로 아주 보수적인 관점에서 미래 성과를 예측하는 것이 일반적입니다. 때로는 그 보수성이 지나쳐, 창업자와 협상 과정에서 자존심에 상처를 줄 만큼 낮은 전망을 제시하기도 하죠. 사실 협상 초기에 투자자들이 제시하는 수치는 다분히 '협상용'인 경우도 많습니다.

이처럼 창업자와 투자자 간의 기업가치에 대한 인식 차이는 협상이 장기간 평행선을 달리게 만들고, 때로는 이견이 끝내 좁혀지지 않아 협상이 결렬되는 결정적 요인으로 작용하기도 합니다.

이럴 때 한 가지 질문을 떠올릴 수 있습니다. "기업가치를 지금 결정하지 말고, 나중에 실적이 나온 다음에 정할 수는 없을까?" 이런 현실적이고 합리적인 접근에 대한 해답을 우리는 '전환우선주식Convertible Preferred Stock, CPS'이라는 구조 안에서 찾아볼 수 있습니다.

스타트업 창업과 투자에 대해 조금이라도 공부해본 창업자나 투자자라면, 대부분의 스타트업 투자가 '상환전환우선주식Redeemable Convertible Preferred Stock, RCPS'이라는 다소 낯선 형태의 주식으로 이루어진다는 이야기를 들어봤을 겁니다. 이 상환전환우선주식(이하 RCPS)은 투자자에게는 권리와 보호장치가 가득한 '종합선물세트', 창업자에게는 과도하게 불리한 '독배'로 불리며, '투자자 과잉보호 수단'이라는 비판을 받기도 합니다.

물론 RCPS에 일부 우려할 만한 요소가 있는 것은 사실입니다. 하지만 RCPS에 대한 막연한 불안감과 거부감은 창업자의 투자 유치에 큰 걸림돌이 될 수 있다는 점을 유념할 필요가 있습니다.

이러한 주식 형태의 등장은 단순히 투자자 보호를 위한 장치에 그치지 않습니다. RCPS는 창업자와 투자자 간 협상에서 가장 큰 장애물이 되는 기업가치에 대한 인식 차이를 조정하고, 투자 성사 가능성을 높이는 구조적 해법으로도 작동합니다.

이런 새로운 형태의 주식이 등장한 이유는 단지 투자자를 보호하기 위해서만이 아닙니다. RCPS는 창업자와 투자자 간의 투자 협상에서 자주 발생하는 기업가치에 대한 입장 차이를 조정하고, 투자 성사를 가능하게 하는 데 중요한 역할을 합니다. 창업자는 이러한 구조의 긍정적인 기능을 정확히 이해할 필요가 있습니다.

RCPS에는 일반적인 우선주보다 더 다양한 권리가 포함되어 있습니다. 대표적으로 상환청구권, 전환권Conversion Right, 잔여재산분배 우선권Liquidation Preference 등이 있으며, 대부분의 RCPS에는 의결권까지 부여되는 경우가 많습니다.

상환청구권은 RCPS를 보유한 주주가 마치 채권자처럼 자신의 투자원금과 일정 이자를 회사에 상환해달라고 청구할 수 있는 권리입니다. 하지만 상환주식은 채권과 달리, 상환이 무조건 가능한 것은 아닙니다. 상환은 반드시 회사에 '배당가능이익'이 있을 때에만 가능합니다. 즉 회사에 현금이 아무리 많더라도 회계상 배당가능이익이 없다면, 주주는 상환을 청구할 수 없고, 회사도 상환을 실행할 수 없습니다.

아직 이익을 내지 못한 회사에 현금이 있을 수 있다는 점

—전환우선주식(CPS)

이 의아하게 느껴질 수도 있습니다. 하지만 실제로 그런 회사는 의외로 많습니다. 회사가 현금을 확보하는 방법은 반드시 이익을 통해서만 가능한 것은 아니기 때문입니다. 그 대표적인 사례가 바로 유상증자입니다. 회사가 새로 주식을 발행해 외부 투자자로부터 자금을 유치하면, 아직 이익을 내지 못했더라도 유상증자를 통해 상당한 규모의 현금을 보유할 수 있게 됩니다.

손익분기점을 넘기기 전임에도, 여러 차례의 유상증자를 통해 수백억, 수천억 원의 현금을 조달한 스타트업은 적지 않습니다. 하지만 이렇게 대규모 자금이 유입된 이후에도, 이 회사들이 발행한 RCPS를 보유한 주주는 회사를 상대로 상환을 청구하지 못했고, 회사 역시 상환 의사가 있어도 상환을 해주지 못했습니다. 그 이유는 단 하나, 회계상 '배당가능이익'이 없었기 때문입니다.

이처럼 상환청구권은 현실적으로 행사에 있어 제약이 많은 권리입니다. 이번 장에서는 상환청구권과 잔여재산분배 우선권 등 다른 RCPS의 우선권에 대한 설명은 뒤로 하고, RCPS의 또 다른 핵심 권리인 '전환권'에 대해서만 알아보겠습니다.

앞서 설명했듯이, 기업가치를 나중에 결정할 수 있게 해주는 구조의 핵심은 전환우선주식(이하 CPS)에 있습니다. 그리고 CPS가 이러한 역할을 할 수 있는 이유는 그 안에 '전환권'이라는 선택지가 포함되어 있기 때문입니다. 전환권이란 우선주식을 보통주식으로 전환할 수 있는 권리입니다. 이때 가장 핵심이 되는 것은 '우선주 1주를 보통주 몇 주로 전환할 수 있는가'이고, 이를 '전환비율'이라고 부릅니다.

○ □ ◇

그럼 이제 MGK 투자를 둘러싼 창업자 상훈과 투자자 영민의 협상 현장으로 다시 돌아가보겠습니다. 앞선 4장에서 창업자 상훈과 투자자 영민은 MGK의 기업가치에 대해 다음과 같은 입장 차이를 보였습니다.

상훈 3년 차 순이익을 6억 원으로 전망하며, PER 5 적용 시 기업가치는 30억 원, 현재 주당 2500원에 3억 원을 투자하면 약 150%의 수익이 가능하다고 판단함.

영민 3년 차 순이익을 1억 원 수준으로 전망하며, 기업가치는 5억 원이 적정하다고 보고, 주당 1250원이 현실적인 투자 조건이라고 제안함.

여기에서 만약 창업자 상훈이 CPS의 구조를 알고 있었다면, 투자자 영민에게 이렇게 제안하는 것도 가능했을 것입니다.

상훈

음… MGK의 사업성에 대한 확신이 아직 없으시군요. 그렇다면 보통주 대신 CPS로 투자하면 어떨까요? 일단 영민 님이 전환우선주를 주당 2500원에 인수하되, 3년 차인 2027년 당기순이익을 기준으로 전환비율을 조정하는 구조입니다. 처음에는 전환비율을 1로 설정하되, 2027년 당기순이익이 1억 원 이하면 전환비율을 2로 조정해 1주당 보통주 2주로 전환하실 수 있게 해드리겠습니다. 그렇게 되면 실질적으로 영민 님은 주당 1250원에 보통주를 취득한 효과를 누리게 됩니다. 이런 구조라면 지금 우리가 기업가치나 주당 발행가격을 놓고 길게 협상할 필요가 없겠지요.

이제야 창업자 상훈은 투자자 영민의 입장을 정확히 이

해하고, 그에 대한 실질적인 배려를 할 수 있게 되었습니다. 창업자로서 할 수 있는 가장 전략적인 협상 방식에 한 걸음 가까워진 셈입니다. 앞서 보인 상훈의 반응은 이 장면과 비교하면 오히려 안타깝게 느껴질 정도입니다. "아는 만큼 보인다"라는 말은 협상에서도 예외가 아닙니다. 결국엔 준비된 창업자만이 협상 테이블에서 성공적인 결과를 만들어낼 수 있습니다.

6장

숫자 하나로
뒤바뀌는 지분

전환비율

이번 장에서는 전환비율 조정 장치가 포함된 실제 투자계약서 조항을 살펴보면서, 상훈과 영민 간에 체결될 투자계약서에 어떤 조항이 포함되어야 할지를 함께 생각해보겠습니다. 먼저 회사의 미래 이익 수준에 따라 전환비율이 달라지는 CPS의 구조를 살펴보겠습니다. 이 CPS는 기존의 RCPS에서 상환청구권에 해당하는 'R^{Redeemable}' 요소를 제거한 형태로, 상환청구권은 없이 보통주로의 전환만 가능합니다.

다음은 이 구조로 투자를 유치한 실제 회사의 계약서에서 전환비율 조정과 관련된 핵심 조항을 발췌한 내용입니다.

① 본건 우선주식의 보통주식으로의 전환비율은 다음과 같다. 명확하게 하기 위하여, 본 항의 각 호는 중복적으로 적용한다.

    1. 본건 우선주식의 보통주식으로의 전환비율은 본건 우선주식 1주당 보통주식 1주로 한다.

    2. 단, 회사의 2024년 감사보고서(공신력 있는 회계

법인에 의해 적정의견을 받은 감사보고서에 근거함)상의 영업이익에 따라 전환비율을 다음의 조정표에 따라 조정한다.

2024년도 영업이익	조정 후 전환비율
30억 원 이상	보통주식 1주
25억 원 이상 30억 원 미만	보통주식 1.25주
20억 원 이상 25억 원 미만	보통주식 1.50주
15억 원 이상 20억 원 미만	보통주식 1.75주
15억 원 미만	보통주식 2주

해당 기업은 화장품 개발 및 판매를 전문으로 하며, 2022년 봄에 창업투자회사로부터 투자 유치를 진행하던 당시 제가 자문을 맡았습니다. 이 투자에서 가장 협상이 어려웠던 쟁점은 기업가치, 즉 1수당 발행가격에 관한 부분이었습니다. 창업자와 창업투자회사 간에는 회사 미래 실적에 대한 예측 차이가 컸고, 2주 이상 협상을 이어갔지만 좀처럼 접점을 찾지 못하고 있었습니다.

결국 양측은 투자 실행일 기준으로 3년 차에 해당하는 2024 회계연도의 영업이익을 기준으로 전환비율을 조정하는 구조의 CPS를 발행하기로 합의했습니다. 위에서 발췌한 조항 제2호에서 보듯, 이 계약서는 2024년 영업이익을 다섯 개 구간으로 나누고, 각 구간별로 전환비율을 차등 적용하는 방식을 채택하고 있습니다.

○ □ ○

그러면 이제 MGK의 투자계약서에 들어갈 전환비율 조정 조항을 직접 만들어보겠습니다. 먼저 창업자인 상훈이 MGK 설립 당시 투자한 금액은 2억 원이며, 주식의 액면가는 500원, 총 발행주식수는 40만 주입니다.

앞서 상훈은 투자자 영민의 불확실성에 대한 우려를 반영해, 전환우선주식 구조를 활용한 투자 제안을 다음과 같이 정리했습니다.

1. 전환우선주식을 주당 2500원에 인수하고, 3년 차인 2026년 MGK의 당기순이익을 기준으로 전환비율을 조정함.
2. 이익이 목표에 미달할 경우, 전환비율을 2로 조정해 전환우선주 1주를 보통주 2주로 전환할 수 있도록 함.

상훈의 제안대로 진행되면, 전환우선주식의 발행 시점에서 1주당 가격은 2500원입니다. 이 경우 영민은 3억 원을 투자하여 12만 주를 인수하게 됩니다. 투자 후 MGK의 발행주식수는 기존 40만 주에 영민에게 발행된 12만 주를 더해 52만 주가 됩니다. 따라서 상훈은 52만 주 중 40만 주를, 영민은 12만 주를 각각 보유하게 되니, 상훈의 지분율은 76.92%, 영민의 지분율은 23.08%가 됩니다.[2]

여기에서 전환비율을 상훈의 제안대로 조정하는 조항을 만들어보겠습니다.

> 1. 본건 우선주식의 보통주식으로의 전환비율은 본건 우선주식 1주당 보통주식 1주로 한다.
> 2. 회사의 2027년 감사보고서(공신력 있는 회계법인에 의해

[2] 만일 영민의 제안대로 주당 1250원으로 발행된다면, 영민은 3억 원을 주당 1250원으로 나눈 24만 주를 인수하게 됩니다. 이렇게 되면 창업자 상훈은 64만 주 중 40만 주를, 영민은 64만 주 중 24만 주를 각각 보유함으로써, 상훈의 지분율은 62.5%, 영민의 지분율은 37.5%가 됩니다. 주당 2500원으로 발행했을 때와는 주식수와 지분율에 상당한 차이가 발생하게 되는 것이죠.

적정의견을 받은 감사보고서에 근거함)상의 당기순이익에 따라 전환비율을 다음의 조정표에 따라 조정한다.

2027년도 당기순이익	조정 후 전환비율
1억 원 초과	보통주식 1주
1억 원 이하	보통주식 2주

그런데 위와 같은 전환비율 조정표를 만들어서 영민에게 제시하면 그의 반응은 어떨까요? 상훈은 2027년 MGK의 당기순이익이 6억 원에 이를 것이라고 자신 있게 예측하며, 이를 근거로 주당 발행가격 2500원이 적절하다고 주장했습니다. 하지만 상훈이 제안한 전환비율 조정표를 들여다보면, 전환비율이 실제로 조정되는 경우는 '2027년 당기순이익이 1억 원 이하일 때'에 한정되어 있습니다. 이는 투자자 영민이 보수적으로 예측한 1억 원을 기준선으로 삼은 구조이긴 하지만, 실제로는 그 기준선을 넘기만 하면 전환비율은 조정되지 않기 때문에 창업자 상훈에게 일방적으로 유리한 조건이라고 볼 수 있습니다.

영민

> 2026년 당기순이익이 1억 10원만 되어도 전환비율이 1로 고정된다면, 나는 상훈이 예상한 6억 원에는 한참 못 미치는 이익에도 주당 2500원에 투자한 셈이 되는데…. 이 정도 조건이라면 전환비율 조정이 실질적으로는 거의 작동하지 않는 것이나 마찬가지 아닌가?

그래서 영민은 전환비율 조정표를 상훈이 제시한 당기순이익 6억 원을 기준으로 아래와 같이 제안합니다.

2027년도 당기순이익	조정 후 전환비율
6억 원 이상	보통주식 1주
6억 원 미만	보통주식 2주

이 전환비율 조정표는 상훈이 제시한 2027년 당기순이익 6억 원이라는 목표치를 기준선으로 삼아, 그 달성 여부에 따라 전환비율을 조정하는 것이 됩니다. 반대로 투자자 영민에게 유리한 입장이 반영된 구조인 것이죠.

상훈

> 당기순이익이 5억 9000만 원이라면 목표치에 근접한 수준인데, 이런 경우에도 전환비율이 2로 조정돼 투자자에게 주당 1250원으로 주식을 넘기는 셈이 된다면, 오히려 내가 손해 아닌가….

제가 앞서 소개한 화장품 회사의 사례에서 전환비율 조정 구간을 5개로 세분해놓은 것은 바로 이러한 이유 때문입니다. 이처럼 세분화된 조정표는 단 2개의 구간만으로 구성된 표에서 발생할 수 있는 전환비율의 급격한 변동과 그로 인한 불합리한 상황을 어느 정도 방지해줍니다. 일정 수준 이상의 실적을 달성했음에도 전환비율이 과도하게 조정되거나, 반대로 실적이 미미함에도 전환비율이 전혀 변하지 않는 상황을 줄일 수 있는 것이죠. 그러면 이제 상훈과 영민의 입장을 모두 반영한 전환비율 조정표를 만들어보겠습니다. 전환비율 변동 구간을 여섯 단계로 세분화해, 각 구간에 적용되는 전환비율을 아래와 같이 정리했습니다.

2027년도 당기순이익	조정 후 전환비율
6억 원 이상	보통주식 1주
4.75억 원 이상 6억 원 미만	보통주식 1.2주
3.5억 원 이상 4.75억 원 미만	보통주식 1.4주
2.25억 원 이상 3.5억 원 미만	보통주식 1.6주
1억 원 이상 2.25억 원 미만	보통주식 1.8주
1억 원 미만	보통주식 2.0주

이 조정표는 상훈이 주장한 당기순이익 6억 원을 맨 위 구간에, 영민이 제시한 1억 원을 맨 아래 구간에 배치하고, 그 사이를 4개의 구간으로 세분화해 각각의 전환비율을 정한 구조를 띕니다. 그 결과 단 2개의 구간만 있었을 때 발생하던 급격한 전환비율 변화가 완화되었습니다. 창업자와 투자자 모두 수긍할 수 있는 보다 균형 잡힌 구조가 만들어졌다고 볼 수 있습니다.

물론 다른 방식도 얼마든지 가능합니다. 예를 들어 전환비율 조정 구간을 더 세분화하여 전환비율의 변화 폭을 더욱 부드럽게 만들거나, 실제로 달성된 당기순이익을 목표 당기순이익 6억 원으로 나누어 산정되는 비율에 따라 전환비율을 조정하는 방법도 가능합니다. 결국 당사자 간 협상을 통해 얼마든지 다양하게 설계될 수 있습니다.

○ □ ○

　　이로써 투자 협상에서 가장 중요한 쟁점 중 하나인 1주당 발행가격 문제는 일단락된 셈입니다. 그렇다면 이것으로 상훈과 영민의 협상이 끝났을까요? 아닙니다. 이는 시작에 불과합니다. 영민은 이번 투자를 스타트업 투자에서 가장 일반적인 방식인 RCPS로 진행하길 원하고 있습니다. 이제 상훈은 RCPS의 핵심 요소인 상환청구권과 잔여재산분배 우선권에 대해 영민과 본격적인 협상을 시작해야 합니다. 물론 이 협상도 결코 쉽지 않습니다.

7장

"상장은 못 하더라도,
투자금은 회수해야죠"

상환청구권

창업자 상훈과 투자자 영민은 RCPS의 1주당 발행가격과 전환비율에 대한 협상을 어렵게 마무리했습니다. 하지만 말씀드린 것처럼 RCPS는 단순한 전환권뿐 아니라, 다양한 우선권이 결합된 주식입니다.

그중에서도 투자자 입장에서 특히 중요한 권리는 상환청구권과 잔여재산분배 우선권입니다. 이 장에서는 먼저 상환청구권에 대해 살펴보겠습니다.

'상환'이라는 단어를 들으면 많은 분들이 가장 먼저 떠올리는 개념은 대출일 것입니다. 우리가 흔히 말하는 '대출금 상환'처럼요.

그런데 RCPS는 엄연히 주식입니다. 채권도 아닌 주식 투자에서 왜 '상환'이라는 말이 등장할까요? 이 질문에 답하는 것이 바로, RCPS의 구조를 이해하고 협상의 핵심을 파악하는 첫걸음이 됩니다.

'짬짜면'을 떠올려봅시다. 짜장면과 짬뽕 중 뭘 먹을지 고민하는 손님들(저도 그중 한 명입니다)을 위해 고안된 메뉴죠.

RCPS도 마찬가지입니다. 주식을 인수해 주주가 될지, 아니면 돈을 빌려주고 원금과 이자를 받는 채권자가 될지 결정하기 어려워하는 투자자를 위해 만들어진 하이브리드 증권입니다. 그래서 RCPS는 분명 주식임에도 불구하고, 그 이름 앞에 '상환'이라는 단어가 붙어 있는 것입니다.

상환청구권은 RCPS를 보유한 주주가 자신의 RCPS를 회사에 반환하고, 그에 대한 투자원금과 상환이자를 회사로부터 돌려받을 수 있는 권리입니다. 하지만 여기서 반드시 유념해야 할 점이 있습니다.

앞서 설명한 것처럼, RCPS의 '상환'은 무조건 가능한 것이 아니라 회사에 배당가능이익이 있을 경우, 그 배당가능이익의 범위 내에서만 가능합니다. 이 점에서 RCPS는 원금과 이자가 정해진 시점에 배당가능이익의 존재 여부와 관계없이 상환되는 채권과는 본질적으로 다릅니다.

○ □ ○

그럼 이제부터 창업자와 투자자, 각각의 입장에서 상환청구권을 어떻게 바라보고 협상에 임해야 하는지 살펴보겠습니다. 먼저 영민은 MGK에 투자하는 재무적 투자자입니다다. 즉 영민의 투자 목적은 투자수익을 얻는 것, 그리고 투자원금을 가능한 한 안전하게 회수하는 것입니다. 그런 점에서 상환청구권은 영민에게 최소한의 안전장치가 되어줍니다. 즉 MGK의 사업이 예상만큼 수익을 내지 못해 의미 있는 배당도 기대하기 어렵고 상장이나 M&A를 통해 주식을 처분할 수 있는 가능성도 희박할 경우, 영민은 RCPS를 상환청구함으로써 투자원금과 투자수익의 회수를 시도할 수 있는 권리를 확보하게 되는 것입니다.

　채권으로 투자하는 경우, 투자원금과 수익의 회수는 비교적 간단합니다. 회사는 정해진 이자를 지급하고, 계약 기간이 끝나면 원금을 상환하면 그만입니다.

　반면 주식 형태로 투자하는 경우에는 얘기가 달라집니다. 회수 방식이 훨씬 복잡하고, 이익이 나더라도 배당이 없으면 수익 실현이 불가능할 수도 있습니다. 심지어 회사가 성장하고 있음에도 지분을 현금화할 수 있는 기회가 없으면, 투자자는 장기간 자금이 묶이거나 회수 자체가 어려워지는 상황에 처할 수 있습니다.

　회사의 매출과 이익이 상승세를 보이고 정기적으로 배당도 지급된다면, 투자자는 주식을 계속 보유하며 배당을 통해 투자수익을 실현할 수 있습니다. 하지만 투자원금의 회수는 또 다른 문제입니다. 회사가 아무리 실적을 내더라도, 시간이 지나면 투자자는 원금을 회수해 다른 곳에 재투자하거나, 하물며 더 좋은 아파트로 이사하는 데 사용하고 싶어질 수도 있겠죠.

만약 MGK가 상장회사라면, 영민은 어느 날 아침 커피를 마시며 매도 주문만 넣으면 됩니다. 매도 체결 문자를 받는 순간, 현금화는 끝납니다. 하지만 MGK는 비상장회사입니다. 따라서 영민은 자신의 주식을 언제, 누구에게, 어떤 조건으로 팔 수 있을지 전혀 예측할 수 없습니다.

사실 영민이 MGK에 투자하기 전에 가장 신중하게 고민한 부분도 바로 이것이었을 겁니다.

영민

> 회사는 잘될 것 같긴 한데… 주식을 팔아 원금을 회수하기가 쉽지 않아 보이네. 창업자인 상훈이야 자기가 창업한 회사이니 계속 운영하면 되겠지만, 나는 그냥 투자자일 뿐이고 이 회사와 평생을 함께할 수는 없는 일인데… 과연 지금 이 투자를 해도 괜찮을지 고민되는군.

영민의 이런 고민을 어느 정도 해결해줄 수 있는 장치가 바로 '상환청구권'입니다. 상환청구권이 있으면, 영민은 주식을 시장에 팔기 어렵더라도 MGK에 자신의 투자원금과 계약서에 명시된 상환이자를 상환해줄 것을 요구할 수 있습니다. 따라서 영민처럼 비상장회사에 투자하면서 유동성에 대한 우려를 가진 투자자에게 상환청구권의 유무는 의사결정에 결정적인 영향을 미치는 요소가 됩니다.

그런데 이 장면에서 한 가지 의문이 들 수 있습니다.

'그렇다면 영민은 애초에 RCPS가 아니라, 정해진 이자를 받는 채권 형태로 투자하는 것이 더 낫지 않았을까?'

채권이라면 계약에 따라 정해진 이자를 받고, 만기 시 원금을 상환받을 수 있으니, 회사에 배당가능이익이 없어도 회수가 가능하다는 점에서 오히려 더 안전해 보일 수도 있기 때문입니다.

이 의문에 대한 답은 명확합니다. 영민은 단순한 채권자가 아니라, 주주로서 누릴 수 있는 장점도 놓치고 싶지 않은 것입니다. 주식의 경우, 회사의 기업가치가 올라가게 되면 주식의 가격 역시 상승하기 때문에 자본이득 Capital Gain을 실현할 수 있는 가능성이 열려 있습니다.

영민은 상훈이 MGK의 사업을 성공적으로 성장시키기

를 기대하고 있습니다. 만약 상훈이 회사를 설립한 지 5년 차에, 매출 100억 원과 순이익 15억 원을 달성한다면, 영민은 자신이 보유한 지분을 다른 투자자에게 매각하여 초기 투자금 3억 원의 몇 배에 달하는 자본이득을 실현하는 것을 기대할 수 있습니다. 이처럼 영민은 단순한 채권자가 아니라 업사이드 포텐셜Upside Potential을 가진 RCPS 주주의 입장에 서 있는 것입니다. 이는 일반적인 채권 투자자에게는 허락되지 않는 기회입니다.

한편 상훈에게도 상환청구권은 간단한 문제가 아닙니다. 물론 RCPS의 상환은 회사에 배당가능이익이 있을 때에만 가능하므로, 사업이 어려워지거나 현금 사정이 나쁠 때 갑작스러운 상환 부담이 생기는 일은 없을 것입니다.

하지만 회사가 어느 정도 이익을 내고 여유 자금이 생기기 시작하는 시점에 투자자로부터 상환청구가 들어오면 상황이 달라집니다. 현금 유출이 한꺼번에 일어날 경우, 이후 사업 확대나 추가 투자에 투입할 자금이 부족해질 위험을 무시할 수 없습니다. 그렇다고 해서 영민에게 상환청구권을 배제하자고 제안하면, 영민은 투자금 회수의 불확실성을 이유로 투자 자체를 철회할 수도 있습니다. 상훈은 투자 유치와 재무안정성 사이에서 고민이 깊어질 수밖에 없습니다.

MGK가 상장이 가능한 사업모델을 갖고 있다고 생각한다면, 창업자 상훈은 투자자 영민을 이렇게 설득해볼 수도 있습니다.

상훈

우리 회사는 늦어도 앞으로 5년 후에는 상장을 할 수 있으니 투자회수는 걱정 안 하셔도 됩니다. 그러니 상환청구권 없이 전환우선주식으로 투자하셔도 됩니다.

하지만 영민의 입장은 다릅니다. MGK의 사업은 외국 회사가 개발한 장갑을 국내에 독점 수입해 판매하는 구조이기 때문에, 영민은 이런 사업모델로는 상장 가능성이 낮다고 판단하고 있습니다. 이런 상황에서 상훈이 상환청구권 없이도 괜찮다고 주장하는 것은 투자자에게 회수 전략이 불확실하다는 인상을 줄 수 있다는 점에서 설득력이 크게 떨어질 수밖에 없습니다.

이런 상황에서 상훈은 어떤 의사결정을 해야 할까요? 만약 영민이 일반적인 투자자보다 유난히 까다롭고 지나치게 보수적인 성향 때문에 상환청구권을 고집하는 것이라면, 그와의 협상을 포기하고 다른 투자자를 찾는 것이 오히려 현명한 선택일 수 있습니다. 하지만 문제의 본질이 영민의 성향이 아니라, 실제로 MGK의 상장 가능성이 낮아 대부분의 투자자들도 회수 가능성을 우려할 수밖에 없는 구조라면, 상환청구권을 지나치게 오래 끌고 가는 것은 바람직하지 않습니다. 제가 상훈의 입장이라면, 상환청구권 부여는 수용하되, 그 안에 포함될 상환이자율과 상환청구권의 존속기간에 집중해 창업자에게 유리한 조건을 이끌어내는 협상 전략을 택했을 것입니다.

○ □ ◇

그렇다면 이번에는 상환이자율에 관한 협상을 살펴보겠습니다. 이자율은 일반적인 채권보다 높아야 할까요, 아니면 낮아야 할까요?

겉보기엔 단순해 보이지만, 이 질문은 투자자와 창업자 모두에게 결코 가볍지 않은 고민을 안겨줍니다. 투자 협상에서 고려해야 할 변수는 이처럼 끊임없이 이어지기 마련입니다.

상환이자율은 일반적인 금전대여에 적용되는 이자율보

다 낮게 설정되는 것이 보통입니다. 왜냐하면 RCPS의 주주는 단순히 상환이자만 받는 것이 아니라, 의결권, 배당권, 그리고 주식 매각에 따른 자본이득 가능성까지 함께 보유하기 때문입니다. 따라서 RCPS의 상환이자율이 일반 채권보다 높게 설정된다면, 이는 투자자에게 지나치게 유리하고, 창업자와 회사에는 큰 재무적 부담이 될 수 있습니다.

이처럼 투자자와 창업자 간의 이해관계가 충돌할 수 있는 지점에서는, 양측 모두 수용 가능한 수준에서 상환이자율을 조정하는 협상력이 필요합니다. 상훈의 입장에서는 회사의 재무적 부담은 줄이면서도, 영민에게는 합리적인 수익을 보장할 수 있는 절충안을 마련하는 것이 바람직한 협상 전략이 될 것입니다.

상환이자율에 대한 협상을 진행할 때, 상훈은 다음과 같은 방식으로 영민을 설득해볼 수 있을 것입니다.

상훈

영민 님, 제가 MGK를 성공적으로 운영해 기업가치를 최대한 끌어올리겠습니다. 그때 주식을 매각하면, 초기 투자금 이상의 큰 수익을 얻으실 수 있을

> 겁니다. 그러니 상환청구권은 실제 행
> 사보다는 혹시 모를 상황에 대비한 안
> 전장치로만 생각해주시면 좋겠습니다.
> 또한 영민 님은 단순한 채권자가 아니
> 라, 의결권과 배당권 등 주주만이 가질
> 수 있는 권리도 함께 보유하시게 됩니
> 다. 이런 점들을 감안하면, 상환이자율
> 은 연복리 4% 정도면 충분히 합리적이
> 라고 생각합니다. 참고로 요즘 무담보
> 회사채 이자율은 약 7% 수준입니다.

물론 위에 제시한 수치는 하나의 예시일 뿐입니다. 실제 협상에서는 당시의 시장금리와 전체 협상 분위기를 종합적으로 고려해 상환이자율을 적절히 조정하면 될 것입니다.

○ □ ○

다행히 영민은 상훈의 제안을 수용하면서 상환청구는 투자일로부터 3년이 지난 후부터 7년 동안 행사할 수 있도록 하자고 제안했습니다. 상훈도 이에 동의하면서, 양측은 상환청구권의 조건에 최종 합의하게 됩니다. 이제 상훈과 영민이 합의한 내용을 반영한 상환청구권 조항 예시를 함께 살펴보겠습니다.

제12조 상환청구권에 관한 사항

① 상환청구권: 본건 상환전환우선주식의 주주(회사는 상환청구권을 보유하지 아니한다)는 본건 상환전환우선주식의 발행일로부터 3년이 되는 날로부터 7년이 경과한 날의 직전일까지 회사에 대하여 본 조에 따라 본건 상환전환우선주식의 전부 또는 일부의 상환을 청구할 권리를 가지며, 회사는 법적으로 상환 가능한 최대한의 자금으로 이를 상환하여야 한다. 이후 본건 상환전환우선주식의 상환에 합법적으로 사용 가능한 추가 자금이 발생하는 때에는 회사는 동 자금을 본건 우선주식의 주주가 상환을 청구하였으나 미상환된 주식을 상환하는 데 우선적으로 사용하여야 한다. 단, 상환청구가 있었음에도 상환되지 아니한 경우에는 상환기간은 상환이 완료될 때까지 연장되는 것으로 한다. 상환청구권의 행사는 상환청구일까지의 미지급 배당금의 청구에 영향을 미치지 아니한다.

② 상환조건: 본건 상환전환우선주식의 주주가 우선주식

의 존속기간까지 본건 주식의 상환을 요청하는 경우, 회사는 회사의 배당가능이익 한도 내에서 상환하기로 한다.

③ 상환방법: 회사는 주주의 상환요구가 있는 날로부터 30일 이내에 현금상환하기로 한다. 단, 주주의 서면요청이 있는 경우 예외적으로 현금 이외의 유가증권 및 기타 자산으로 상환을 할 수 있다.

④ 상환금액: 본건 상환전환우선주식의 1주당 상환금액은 상환을 청구한 본건 상환전환우선주식의 주주의 1주당 취득가격과 동 취득가격에 대하여 발행일로부터 상환일까지 연복리 4.0%를 적용하여 산출한 이자액의 합계액에서 기지급된 배당금을 차감한 금액으로 한다.

⑤ 지연배상금: 회사가 배당가능이익이 있음에도 불구하고 상환을 청구한 본건 상환전환우선주식의 주주에게 상환가액을 지급하지 아니하는 경우에는 회사는 위 제3항에 따라 상환을 하여야 하는 날의 다음 날로부터 실제 지급하는 날까지 상환가액에 대하여 연복리 12%의 이율에 의한 지연배상금을 지급하여야 한다.

이 조항은 다소 길고 복잡해 보일 수 있지만, 앞서 살펴본 상환청구권의 구조와 의미를 알고 있다면 충분히 이해할 수 있는 수준입니다. 실제 투자계약서에서도 상환청구권은 이처럼 다양한 조건과 예외를 조합해 정교하게 설계되는 경우가 많으며, 그만큼 투자자와 창업자 모두에게 중요한 협상 포인트로 작용합니다.

8장

지분율대로
나누는 게 아닌가요?

잔여재산분배 우선권

그동안의 협상을 통해, 창업자 상훈과 투자자 영민은 RCPS 구조로 투자하는 데에 합의했고, 그 안에 포함된 전환권과 상환청구권의 조건에 대해서도 협상을 마무리했습니다. 이제 RCPS와 관련된 주요 조항 가운데 아직 협상이 남아 있는 항목은 '잔여재산분배 우선권'밖에 없는 것 같네요.

잔여재산분배 우선권이란 회사의 청산을 뜻하는 'Liquidation'과 우선권을 뜻하는 'Preference'가 합쳐진 말로, 회사가 청산되는 상황에서 투자자가 다른 주주들보다 먼저 잔여재산을 분배받을 수 있는 권리를 말합니다. 말 그대로 회사가 문을 닫게 되었을 때 남아 있는 자산을 누구에게 어떤 순서로 나눌 것인지를 정하는 기준 중 하나인 셈입니다. 이 권리는 특히 기업이 실패했을 때 투자자가 어떤 손실을 감수하게 될지를 결정짓는 핵심 요소이기도 합니다.

비전문가에게 가장 낯설게 느껴지는 권리가 바로 이 잔여재산분배 우선권일 것입니다. 저 역시 1990년대 중반, 김앤장에서 변호사로서 처음 투자계약서를 접했을 때 가장 이해하기 어려웠던 조항 중 하나가 이것이었습니다. 당시 제 머릿속에 가장 먼저 떠올랐던 생각은 이랬습니다. '회사가 청산되는 상황이라면 어차피 남는 자산도 별로 없을 텐데, 왜 이 조항은 이렇게 길고 복잡할까?' 당시 옆방 선배 변호사에게 그 이유를 듣고 난 후, 다음과 같은 결론에 도달하게 되었습니다. 그 내용을 여러분께 공유해보려 합니다.

우선 청산 절차에 들어간다고 해서 회사에 자산이 전혀 없는 것은 아닙니다. 특히 공장, 장비, 기술 등 현금화는 어렵지만 경제적 가치는 여전히 큰 자산을 보유한 회사라도, 일시적인 유동성 위기나 외부 환경 변화로 인해 청산 상황에 처할 수 있습니다. 이럴 경우, 잔여재산분배 우선권은 투자자의 손실을 줄이는 중요한 권리가 됩니다.

또한 이 조항은 회사의 실제 청산뿐 아니라, 경영권의 변경이나 제3자에 의한 매각 등도 청산에 준하는 사건으로 간주하여 우선 분배 권리를 가능하게 하는 '간주청산Deemed Liquidation' 조항을 통해 확장되기도 합니다. 이러한 이유로, 잔여재산분배 우선권 조항은 예상보다 훨씬 길고 복잡해지는 경우가 많습니다.

○ □ □

잔여재산분배 우선권 조항은 창업자의 입장에서 '순한 맛' '중간 맛' '매운 맛'으로 나뉩니다. 먼저, 가장 기본적인 형태인 '순한 맛' 조항부터 살펴보겠습니다.

> **제3조 잔여재산분배 권리에 대한 사항**
>
> (1) 본건 상환전환우선주식 주주는 회사가 청산될 때 잔여재산분배에 대하여 본건 상환전환우선주식 인수금액과 미지급된 배당금을 합한 금액의 한도에서 보통주식 주주에 우선하여 잔여재산의 분배를 받는다.
>
> (2) 본건 상환전환우선주식 주주는 보통주식 주주에 대한 잔여재산 분배율이 본건 상환전환우선주식 주주에 대한 잔여재산 분배율을 초과하는 경우 그 초과분에 대하여 보통주식 주주와 동일한 분배율로 참가하여 분배를 받는다.

이 조항의 핵심은, 회사가 청산될 경우 RCPS를 보유한 주주(여기서는 투자자 영민)가 투자원금과 미지급 배당금이

있다면 그 금액까지 보통주 주주(창업자 상훈)보다 우선하여 잔여재산을 분배받는다는 것입니다.[3]

그렇다면 이 조항이 실제 투자계약서에 포함되어 있는 상황에서 MGK가 재무 악화로 청산 절차에 들어가게 되면, 상훈과 영민은 잔여재산을 어떻게 분배받게 될까요?

회사의 자산을 모두 처분하여 채권자에게 모든 채무를 갚은 뒤, MGK에 1억 원의 현금만이 남아 있는 상황을 가정해보겠습니다. 이때 잔여재산분배 우선권 조항이 없었다면, 1억 원은 단순히 지분율에 따라서 분배되었을 것입니다. 따라서 상훈의 지분율이 77%, 영민의 지분율이 23%라면, 상훈은 7700만 원, 영민은 2300만 원을 받게 되겠죠.

하지만 잔여재산분배 우선권 조항이 포함되어 있을 경우, 그 결과는 완전히 달라집니다. 방금 보여드린 제3조 제1항 조항을 MGK의 상황에 대입해 다시 읽어보면, 그 의미가 훨씬 선명해집니다.

---

[3] 물론 미지급 배당금에도 우선권이 인정되지만, 청산 상황에 이를 정도로 재무 사정이 악화된 회사에는 미지급 배당금 자체가 없는 경우가 많기 때문에 실제로는 '투자원금'에 대한 우선권이 핵심이라고 볼 수 있습니다.

> 본건 상환전환우선주식 주주인 영민은 MGK가 청산될 때 잔여재산인 1억 원의 분배에 대하여 본건 상환전환우선주식 인수금액인 3억 원(영민의 투자금)과 미지급된 배당금(0원)을 합한 금액의 한도에서 보통주식 주주인 상훈에 우선하여 잔여재산의 분배를 받는다.

위의 사례처럼 잔여재산분배 우선권 조항이 적용되는 경우, 영민은 잔여재산 1억 원 전액을 보통주 주주인 상훈보다 우선하여 분배받게 됩니다. 그 결과, 상훈에게는 단 한 푼도 분배되지 않습니다. 이런 결과만 보면, 창업자에게 너무 가혹한 조항처럼 느껴질 수 있습니다. 하지만 한편으로는, 회사를 창업하고 경영을 주도한 창업자가 그 회사를 믿고 큰 금액을 투자한 투자자에게 사업 실패에 대한 책임을 지는 방식이라고 볼 수도 있습니다. 배와 함께 침몰하는 타이타닉호의 선장이 승객에게 구명보트를 양보하는 장면을 떠올리면, 이 조항의 의미를 조금 더 직관적으로 이해할 수 있을지도 모릅니다.

'중간 맛'과 '매운 맛' 잔여재산분배 우선권 조항은 앞선

'순한 맛'보다 한 걸음 더 나아갑니다. 우선 '중간 맛' 조항은 투자자가 우선적으로 분배받을 수 있는 금액의 범위를 투자원금 + 일정 이자율로 정해놓습니다. 즉 회사가 청산될 경우, 투자자는 원금뿐 아니라 일정 수준의 수익(이자)까지 보장받고, 남은 금액이 있다면 그제서야 창업자가 분배받게 되는 구조입니다. 여기서 적용되는 이자율은 잔여재산분배 우선권 조항 안에 명시되며, 투자 계약마다 편차가 큽니다. 특히 투자를 간절히 원하는 회사의 경우, 이자율이 일반적인 기대 수준보다 훨씬 높게 책정되는 사례도 적지 않았습니다.

이보다 더 '매운 맛'에 가까운 구조도 있습니다. 이 경우, 투자자는 우선적으로 투자원금과 이자를 먼저 분배받고, 그 다음 잔여재산을 보통주 주주와 함께 지분율에 따라 추가로 분배받습니다. 즉 1차로 원금과 수익을 회수한 뒤에도, 남은 금액에 대해 보통주 주주와 동일한 자격으로 또 한 번 분배를 받는 구조입니다. 어떤 계약에서는 투자원금의 2~3배에 달하는 금액을 우선분배 금액으로 설정한 사례도 있었습니다.

이번에는 MGK의 잔여재산이 1억 원이 아니라 5억 원인 경우를 가정해보겠습니다. 먼저 '순한 맛' 잔여재산분배 우선권 조항이 적용될 경우, 투자자 영민은 자신의 투자원금 3억 원을 우선적으로 분배받고, 남은 2억 원은 보통주 주주인 창업자 상훈이 전액 분배받게 됩니다. 이로써 잔여재산의 분배는 마무리됩니다.

그런데 만약 투자원금에 이자까지 가산하는 '중간 맛' 잔여재산분배 우선권 조항이 적용된다면 상황은 달라집니다. 이 경우 영민은 투자원금 3억 원에 이자까지 포함한 금액을 창업자 상훈보다 우선해 분배받습니다. 예를 들어 이자율이 연 5% 복리로 정해져 있고 투자일로부터 분배일까지의 기간이 5년이라면, 이자율 총합은 약 27.628%가 됩니다. 따라서 영민이 우선적으로 받게 되는 금액은 3억 8288만 4468원이며, 상훈은 5억 원에서 이 금액을 뺀 1억 1711만 5531원을 받게 됩니다(원금 3억 원 + 이자 8288만 4468원 = 3억 8288만 4468원).

만일 '매운 맛' 조항이 들어가 있으면 영민이 먼저 투자원금에 이자를 더한 금액인 3억 8288만 4468원을 우선적으로 분배받습니다. 그다음 남은 1억 1711만 5531원을 분배할 때, 영민은 다시 자신의 지분율인 23%에 해당하는 3936만 5721원을 추가로 받게 됩니다. 최종적으로 영민은 4억 2225만 189원을, 상훈은 7774만 9811원을 분배받게 됩니다. 이처럼 '매운 맛' 잔여재산분배 우선권 조항은 투자자에게 40%가 넘는 투자수익을 가능하게 합니다.

만약 투자자가 투자금의 2배를 우선 분배받는 조항이 계약에 포함되어 있다면, 결과는 더욱 극단적으로 기울게 됩니다. 이 경우 영민은 자신의 투자금 3억 원의 2배인 6억 원까지를 상훈보다 우선하여 분배받게 됩니다. MGK의 잔여재산이 5억 원이라면, 전액을 영민이 먼저 가져가고, 상훈은 단 한 푼도 분배받지 못한 채 청산 절차가 끝나게 됩니다. 상훈의 입장에서는 그야말로 참담한 결말이라 할 수 있습니다.

또 하나 창업자가 유의하여야 할 점이 있습니다. 일부 계약에서는 회사가 실제로 청산되지 않더라도, 회사의 매각을 청산과 동일한 상황으로 간주해 매각대금에 대해서도 투자자의 우선권을 인정하는 조항이 포함되기도 합니다.[4]

실제로 제가 자문했던 한 투자 건에서도 '아주 매운 맛' 잔여재산분배 우선권 조항이 포함된 사례가 있었습니다. 청산 시에 투자자가 투자원금의 2배를 우선 분배받고, 그 후 남은 금액에 대해서도 지분율에 따라 창업자들과 함께 추가 분

---

[4] 앞서 언급했듯이, 일부 투자계약서에는 '간주청산' 조항이 포함되기도 합니다. 사실상 이 조항은 우리나라 상법에 위반되어 효력이 없다는 주장이 지속적으로 제기되면서 최근에는 줄어드는 추세지만, 계약서에 포함되어 있다면 분배 구조에 결정적인 영향을 줄 수 있으니 반드시 확인이 필요합니다.

배받는다는 내용이었죠. 이 회사는 투자 유치 3년 후 미국에 본사를 둔 다국적 기업으로부터 상당히 높은 가격에 인수되었고, 이 잔여재산분배 우선권 조항 덕분에 투자자는 자신의 투자원금 대비 4배가 넘는 금액을 회수할 수 있었습니다.

투자 당시, 투자대상회사로서는 투자 유치가 너무나 절박한 상황이었고, 투자자에 대한 협상력이 거의 없었다면, 창업자는 독배를 마시는 심정으로 이런 조항을 수용할 수밖에 없었을 겁니다. 하지만 그렇게 절박하지 않은 상황에서도 잔여재산분배 우선권 조항의 위험성을 충분히 인지하지 못한 채 계약을 체결한 것이었다면, 이는 창업자로서는 너무나도 참담한 실수를 한 것입니다.

다행히 영민이 보내온 투자계약서 초안에는 '순한 맛' 잔여재산분배 우선권이 담겨 있었고, 이 조항에 관해 상훈과 영민은 그리 어렵지 않게 합의할 수 있었습니다. 이로써 MGK가 영민에게 발행할 RCPS의 주요 조건에 대한 협상을 무사히 마무리되었습니다. 그렇다면 이제 상훈과 영민은 투자계약서에 서명하고 곧바로 투자를 실행하면 될까요? 불행히도 전혀 그렇지 않습니다. 그 이유를 다음 장에서 알아보도록 하겠습니다.

3부

협상이라는 이름의
전장에 들어서다

9장

돈이 들어오기 전에
확인해야 할 일들

선행조건

지금까지의 협상 결과, 창업자 상훈과 투자자 영민은 MGK의 RCPS를 영민이 주당 2500원에 3억 원을 투자해 12만 주를 인수하는 조건으로 합의했습니다. 또한 MGK의 2027년 당기순이익을 6개 구간으로 나누고, 이에 따라 전환 비율을 보통주식 1주에서 최대 2주까지 조정하기로 했으며, 상환이자율은 연 복리 4%로 정해졌습니다. MGK가 청산될 경우, 영민은 자신의 투자원금과 미지급 배당금을 창업자 상훈보다 우선하여 분배받는 구조의 잔여재산분배 우선권에 관해서도 합의가 이루어졌습니다.

만약 여러분이 투자자라면, 이렇게 투자 조건에 합의한 후 실제로 돈을 입금하기 전에 어떤 고민이 들 것 같나요?

이번 장에서는 영민이 투자 실행 전 반드시 점검해야 할 사항들이 무엇인지 하나씩 짚어보겠습니다. 또한 이러한 고민들에 대해 창업자인 상훈은 어떤 입장을 취해야 하는지, 그리고 양측이 실질적인 준비를 어떻게 마무리해야 하는지도 함께 살펴보겠습니다.

○ □ ◇

제 경험에 비추어보면, 창업자가 투자 유치 협상에 임할 때 가장 중요한 태도는 바로 '투자자의 입장에서 생각해보는 자세'입니다. 영어로는 흔히 'step into investor's shoes', 즉 "투자자의 신발을 신어보라"라는 말로 표현되곤 하죠. 창업자가 투자자의 시선으로 자신과 자신의 회사를 냉정하게 바라보는 태도를 갖는다면, 내 사업에 대해 과도한 확신을 갖는 함정에 빠지지 않을 수 있습니다.

그렇다면 영민의 입장에서, MGK 투자 후에 일어날 수 있는 최악의 상황은 무엇일까요? 영민이 투자계약서에 서명하고, 3억 원의 투자금을 MGK에 입금한 지 일주일쯤 지난 어느 날, 상훈으로부터 다급한 연락이 옵니다.

상훈

Magic Glove 본사에서 갑자기 독점계약 보증금을 올려 달라고 하네요. 원래 계약서 초안에는 5년에 2억 원이었는데, 다른 회사가 4억 원을 제시하며 독점수입권을 요구한 모양입니다. 그래

> 도 MGK와 거래하고 싶다며, 같은 4억 원 조건이라면 우리에게 독점권을 주겠다고 하더군요. 결국 본사에서 수정계약서를 보내왔고, 보증금이 2억 원 더 늘어난 상황입니다. 정말 예상치 못한 일이라 저도 너무 난감한데요…. 혹시 추가로 2억 원만 더 투자해주실 수 있을까요?

아마 영민은 순간 할 말을 잃었을 것입니다. 상훈이 애초부터 영민을 속이기 위해 숨긴 사실이 있었다면, 영민은 투자계약을 취소하거나 심지어 상훈을 사기 혐의로 고소해 투자금을 돌려받는 법적 조치를 고려했을 수도 있습니다.

하지만 상훈도 이 상황을 예측하지 못했다고 하니, 영민 입장에서는 더욱 난감했을 겁니다. 누구의 잘못이라고 단정할 수도 없고, 그렇다고 투자금을 무작정 더 얹어주기에는 부담이 크기 때문입니다. 그렇다면 영민이 이런 상황에 빠지지 않기 위한 방법은 없었을까요? 있었습니다. 분명히 있었습니다.

영민은 투자계약서를 체결하기 전에 이런 요구를 했어야 합니다.

―선행조건

> **영민**: Magic Glove 본사와 이미 계약을 체결하신 건가요? 투자금을 입금하기 전에 본사와 체결된 계약서를 한번 보고 싶네요.

그러나 상훈은 아직 Magic Glove 본사에 지급할 독점수입 보증금을 마련하지 못한 상태였기 때문에, 독점수입계약서도 체결하지 못하고 있었습니다. 그래서 영민에게는 이렇게 말할 수밖에 없습니다.

> **상훈**: 투자금이 들어와야 본사와 독점수입계약을 정식으로 체결할 수 있습니다. 투자금 없이 계약부터 체결했다가 보증금을 제때 지급하지 못하게 되면 오히려 본사와의 관계가 틀어질 수 있어서요…. 본사 쪽에서도 MGK와 계약할 의사는 확실히 밝혔으니, 영민 님께서 투자 계약을 체결하고 투자금을 입금해주시면 곧바로 계약을 마무리하겠습니다.

계약이 확정되지 않은 상태에서 선투자를 먼저 요청받은 영민은 당황할 수밖에 없습니다.

영민

> 투자금을 먼저 넣고 나서 본사와의 계약이 어떤 이유로든 무산되면 사업 기반 자체가 무너지는 것 아닌가요? 그런 리스크를 투자자에게 감당하라는 건 무리입니다. 저는 계약이 체결된 걸 확인한 후 투자금을 입금하겠습니다. 상훈 님께서 먼저 해결 방안을 마련해보시죠.

전형적인 '닭이 먼저냐 달걀이 먼저냐Chicken-and-Egg'인 상황이죠. 이런 상황을 조율하고 해결하기 위해 투자계약서에는 '선행조건Conditions Precedent, CP' 조항이 포함됩니다. 이 조항은 거의 모든 투자계약서에 예외 없이 들어가는 핵심적인 장치입니다.

○ □ ◇

선행조건 조항을 이해하기 위해서는 먼저 거래종결의 개념부터 이해할 필요가 있습니다. 계약체결Signing, Contract Execution과 거래종결Closing은 다릅니다. 투자 계약에 있어서 '계약체결'은 말 그대로 계약서에 서명이나 날인을 하는 행위이고, '거래종결'은 체결된 계약서의 내용에 따라 투자금을 입금하는 행위입니다.

투자 계약이 체결되더라도, 투자자의 투자금 납입 의무는 대부분 무조건적인 의무가 아닌 조건부 의무로 규정됩니다. 투자계약서에 명시된 전제조건들이 모두 충족되어야만 투자자는 투자금을 납입할 법적 의무, 즉 거래를 종결할 의무가 발생합니다. 이처럼 거래종결 전에 반드시 충족되어야 하는 조건들을 계약서에서는 '선행조건'이라 부릅니다.

선행조건은 계약마다 내용이 다릅니다. 일정 수준의 표준적인 선행조건들이 존재하긴 하지만, 대부분은 투자 실행의 전제로 당사자들이 협의한 내용을 바탕으로 구성됩니다. 결국 어떤 투자냐에 따라 선행조건 조항은 달라질 수밖에 없습니다.

영민이 MGK에 투자를 실행하기 전에 반드시 성취되어

야 할 핵심 선행조건은 무엇일까요? 바로 'Magic Glove 본사와 독점수입계약을 체결할 것'입니다. 여기서 더 나아가 '해당 계약의 주요 조건이 상훈이 영민에게 설명한 내용과 중대한 측면에서 다르지 않을 것' 역시 선행조건으로 포함되어야 합니다.

그러면 이런 선행조건 조항을 넣을 경우, 이른바 '닭이 먼저냐 달걀이 먼저냐' 문제가 어떻게 해결되는 것인지 살펴보겠습니다. 상훈의 입장에서 보면, 이미 투자 계약이 체결된 상태이므로 계약서에 규정된 선행조건들을 차질 없이 충족시키면 됩니다. 그때부터는 영민이 투자금을 회사에 납입해야 하는 법적 의무를 지게 되므로, 중간에 '변심'하고 투자의사를 철회할 수 있는 여지는 사라지게 됩니다.

반대로 영민의 입장에서는 투자계약서에 서명했더라도, 독점수입계약이 실제로 체결되었는지를 먼저 확인할 수 있습니다. 그 후에 투자금을 입금하면 되기 때문에, '투자금을 먼저 넣었는데 계약이 무산되는' 최악의 상황은 피할 수 있게 됩니다.

이러한 선행조건이 포함되면, 상훈과 영민의 투자 거래는 다음과 같은 순서로 진행됩니다.

```
┌─────────────────────────────────────────┐
│   창업자 상훈과 MGK, 그리고 투자자 영민이   │
│         투자계약서 체결                  │
└─────────────────────────────────────────┘
                    │
┌─────────────────────────────────────────┐
│  MGK가 Magic Glove 본사와 독점수입계약서 체결  │
└─────────────────────────────────────────┘
                    │
┌─────────────────────────────────────────┐
│  MGK가 체결된 독점수입계약서를 영민에게 제시   │
└─────────────────────────────────────────┘
                    │
┌─────────────────────────────────────────┐
│     영민이 독점수입계약의 내용을 확인한 후      │
│          투자금을 MGK에 입금              │
└─────────────────────────────────────────┘
                    │
┌─────────────────────────────────────────┐
│  MGK가 Magic Glove 본사에 독점수입권 대가 지급 │
└─────────────────────────────────────────┘
```

　여기서 상훈이 반드시 유의해야 할 점은, 독점수입계약서상 보증금 지급일을 투자 계약의 거래종결일, 즉 투자금 입금 이후 시점으로 설정해두는 것입니다. 다만 이 정도는 창업자인 상훈이 Magic Glove 본사와 충분히 협의할 수 있는 사안이므로, 현실적인 어려움은 없을 것입니다.

　지금까지는 투자 협상 과정에서 발생할 수 있는 중대한 리스크를 '선행조건' 조항을 통해 해소하는 방법을 살펴봤습니다. 그러나 선행조건만으로는 투자 협상의 모든 장애물을 제거할 수 없습니다. 투자자의 불안을 해소하고 협상을 마무리 짓기 위한 추가 협상은 계속됩니다.

10장

약속은 말보다
문서로 남겨야 한다

양해각서(MOU)

지금까지 살펴본 것처럼, 기업에 대한 투자는 하루아침에 이루어지지 않습니다. 아무리 창업자가 치밀하게 준비하더라도 예상치 못한 변수는 언제든 발생할 수 있습니다.

창업자는 회사소개서와 사업계획서를 준비해 여러 투자자를 접촉하고, 그중 투자 의향이 있는 투자자와 만나 구체적인 협상을 시작합니다. 이 단계에 이르면 양측은 생각보다 많은 시간과 비용을 투입하게 되는데, 자연스럽게 이런 걱정을 하게 됩니다.

"이제부터는 돈과 시간이 많이 투입되는데 갑자기 상대방이 변심하면 어떻게 하지?"

예를 들어 투자자가 외부 전문가나 법률 자문을 준비하던 중에 회사가 돌연 투자 유치 계획을 철회하거나 다른 투자자와 계약을 맺어버리면, 지금까지 들어간 시간과 비용은 모두 헛수고가 됩니다.

창업자나 투자대상회사의 입장에서도 상황은 비슷합니다. 투자 유치는 회사의 사활을 좌우할 정도로 중요한 의미를 갖는 경우가 많기 때문에, 많은 노력을 들여 협상을 이어온 투자자가 갑작스럽게 별다른 이유 없이 투자 의사를 철회해 버리면, 자칫 투자 유치를 위한 골든타임을 놓쳐 치명적인 재정 위기에 직면할 수 있습니다.

이처럼 투자자와 창업자 모두 상당한 시간과 비용을 투입하게 되는 시점에 이르면, 양측은 본계약 체결 전까지 서로가 지켜야 할 사항들을 명확히 문서화하길 원하게 됩니다. 이때 체결되는 문서가 바로 '양해각서Memorandum of Understanding, MOU'입니다.

투자와 관련해 체결되는 양해각서(이하 MOU)에는 일반적으로 다음과 같은 내용들이 포함됩니다.

-MOU의 유효기간
-MOU 체결일로부터 일정 기간 동안 창업자와 투자대상 회사가 투자사 이외의 제3자와 투자와 관련된 협의를 하지 않을 의무
-투자자가 진행할 실사의 범위와 실사 기간
-투자 계약의 협상 기간 및 목표 체결일
-창업자와 투자자 간에 잠정적으로 합의된 투자 조건
-보증금이 있는 경우 그 금액과 보증금 반환에 관한 합의

사항
-정당한 이유 없이 투자계약서 체결을 거부하는 경우에 적용되는 위약벌
-실사 과정에서 투자자가 얻게 되는 투자대상회사 정보에 관한 비밀유지의무

○ □ ○

이번 장에서는 MOU를 체결할 때 반드시 유념해야 할 사항 두 가지를 짚어보겠습니다.

첫 번째는 MOU의 법적 구속력입니다. 흔히 MOU는 본계약체결 전의 임시 문서라 법적 효력이 없다고 오해하지만, 그렇지 않습니다. 실제로 법적 구속력이 없는 MOU$^{\text{Non-binding MOU}}$도 있지만, 이는 문서 제목이 'MOU'이기 때문이 아니라 MOU 본문에 "본 양해각서는 법적 구속력이 없다"라는 문구가 명시되어 있기 때문입니다. 이런 문구가 없다면, MOU라도 당사자 간에 원칙적으로 법적 효력을 갖는다는 점을 반드시 기억해야 합니다.

두 번째는 MOU의 위약금 조항과 보증금 예치입니다. MOU가 체결되면, 창업자와 회사는 MOU에 따라 정해진 일

정대로 협상을 진행해 투자계약서를 체결할 의무를 갖게 됩니다. 여기에 더해 한쪽이 정당한 사유 없이 계약 체결을 거절할 가능성에 대비해 위약금 조항을 명시해두는 경우에는, 위반 당사자는 상대방에게 위약금을 지급해야 합니다.

이러한 위약금 조항의 실행을 용이하게 하기 위해 MOU 체결 시점에 투자자로 하여금 일정 금액을 보증금으로 회사에 예치하게 하는 경우도 많습니다. 이 경우 투자자가 MOU를 위반하면 회사는 보증금을 몰수하고, 반대로 회사나 창업자가 MOU를 위반하면 보증금을 투자자에게 돌려주고, 추가로 같은 금액을 배상하는 구조가 일반적입니다.[5]

여기서 주의할 점이 하나 있습니다. 보증금을 회사 계좌로 바로 입금하면, 회사가 MOU를 위반했을 때 돌려받기가 현실적으로 어려운 상황이 발생할 수 있습니다. 회사가 보증금을 이미 소진했거나 현금 사정이 좋지 않은 경우에 말이죠.

이럴 때는 에스크로 계좌Escrow Account를 활용하는 방식이 안전합니다. 즉 보증금을 회사 계좌가 아닌 제3자의 계좌

[5] 이는 부동산 매매계약에서 흔히 쓰이는 계약금 몰수 혹은 계약금 배액 상환과 유사한 방식입니다. 다만 MOU는 아직 본계약 체결 전 단계에서 이루어지는 것이고, 기업투자는 부동산보다 규모가 훨씬 크기 때문에 일반적으로 보증금을 거래금액의 10%보다 적게 설정하는 편입니다.

에 예치하는 구조를 취하는 것입니다. 이 제3자는 에스크로 에이전트Escrow Agent로 지정되고, 투자자와 회사, 그리고 에스크로 에이전트Escrow Agent는 에스크로 계약Escrow Agreement을 체결하게 됩니다. 다만 에스크로 구조에서는 계약이 에스크로 에이전트를 포함한 여러 당사자 간에 이루어지고 절차가 복잡할 뿐 아니라, 에스크로 수수료Escrow Fee나 법률비용 등 추가 지출이 발생합니다. 따라서 거래 규모가 크지 않다면, 이러한 에스크로 방식의 선택에는 신중을 기할 필요가 있습니다.

11장

우리는 지금 서로의 비밀을 안고 있다

비밀유지계약(NDA)

투자 협상에서는 회사의 사업 전략이나 기술, 재무 상태 등과 관련된 다양한 비밀 정보가 투자자에게 제공됩니다. 그런데 이런 정보는 본래 회사의 기밀에 해당하는 것이므로, 원칙적으로는 외부에 공개되지 않습니다.

다시 MGK의 사례로 돌아가보겠습니다. 어느 날 MGK의 기술력과 유통에 꾸준히 관심을 보여온 경쟁사 대표인 수연이 창업자 상훈에게 회사의 핵심 자료를 요청해온다면, 상훈은 어떻게 반응해야 할까요?

수연

Magic Glove 본사와 체결하신 독점수입계약서를 보여주실 수 있을까요? 수입 가격과 국내 대리점 공급가격도 알려주시면 좋겠습니다.

수연이 요청한 정보는 MGK의 영업비밀이며, 경쟁사에

게 공개될 경우 악용될 소지가 큽니다. 상훈으로서는 매우 난감하고 거절할 수밖에 없는 요청인 것이죠. 그런데 '투자'라는 말이 나오기 시작하면, 창업자의 이런 신중함이 사라지는 경우가 종종 있습니다. 마치 마법에라도 걸린 듯, 회사의 금고 문을 활짝 열어버리는 일이 벌어지는 것이죠.

물론 창업 초기 단계에서 영민처럼 개인이 투자 검토 목적으로 정보를 요청하는 경우라면 이런 위험은 적습니다. 하지만 MGK의 실적이 좋아지고 업계의 주목을 받기 시작하면 상황은 달라집니다. 이때 수연처럼 같은 업종에 있는 대형 회사가 인수 의향을 밝히며 접근해온다면, 그 의도에 대한 경계심을 늦추어서는 안 됩니다.

창업자 입장에서는 "드디어 고생한 보람이 있다"라며 기뻐할 수도 있습니다. 특히 기업 인수나 매각에 대한 경험이 없거나, 법률적 조력을 받지 않고 협상에 임하는 경우라면, 인수가격이 매력적일수록 방심할 가능성이 커집니다. 하지만 협상과 실사 끝에 거래가 무산되면, 영업비밀만 넘겨주고 아무것도 얻지 못하는 최악의 상황이 발생할 수 있습니다.

이런 상황을 막기 위해 창업자는 본격적인 협상이나 실사 전에 정보제공을 요청한 상대와 비밀유지계약Non-Disclosure Agreement, NDA을 체결해야 합니다. 혹은 MOU 체결 이후 정보를 제공하게 되는 경우라면, 해당 MOU에 강력한 비밀유지조항을 포함시켜야 합니다.

또 하나, 이때는 정보 유출에 대한 책임뿐 아니라 그로 인해 발생할 수 있는 피해에 대해서도 일정한 부담을 지도록 벌칙 조항을 명시해두는 것이 좋습니다. 이렇게 하면 투자 제안을 빌미로 영업비밀을 탈취하려는 악의적 시도를 효과적으로 사전에 차단하는 기능을 할 수 있습니다. 다만 비밀유지계약에 벌칙 조항까지 두는 경우는 흔하지 않기 때문에 창업자가 이를 지나치게 강하게 요구하는 상황은 피하는 것이 좋습니다. 물론 영업비밀 보호의 필요성이 일반적인 경우보다 훨씬 크다면, 예외적으로 벌칙 조항을 강력하게 요구하는 일이 필요할 수도 있겠죠.

마지막으로 강조하고 싶은 점은, 이러한 유의사항이 법인기업에만 해당되는 것은 아니라는 점입니다. 학원, 카페, 레스토랑, 베이커리 등 개인사업자의 경우에도 마찬가지입니다. 레시피, 고객명단, 마케팅 전략 등 창업자가 오랜 시간 동안 공들여 축적한 무형의 자산이 무방비로 노출될 수 있습니다. 투자나 인수라는 말에 현혹되지 마세요. 결국 회사를 지켜내는 건 창업자의 준비와 태도에 달려 있습니다.

12장

사실대로 밝혀야 하나요?

진술 및 보증

투자계약서에 도장을 찍었다고 해서 모든 게 끝나는 것은 아닙니다. 계약체결 이후에도 창업자와 투자자 간의 신뢰는 계속해서 시험대에 오르게 되기 때문입니다. 특히 창업자는 계약체결 이전에 제공한 정보가 얼마나 정확하고 성실했는지를 두고 법적 책임을 져야 할 수도 있습니다.

진술 및 보증Representations & Warranties은 투자계약서에서 매우 중요한 조항입니다. 이 조항은 투자 협상 과정에서 창업자와 회사가 투자자에게 제공하는 정보의 정확성과 신뢰성을 보장하는 역할을 합니다.

간단한 예를 들어보겠습니다. 여러분이 중고 물품 거래 사이트에서 10년 된 기타를 10만 원에 구매했다고 가정해봅시다. 10년 사용한 중고 기타이니 신품만큼의 상태를 기대할 수는 없겠지만, 어느 정도까지의 결함이 '중고라면 당연한 것'으로 받아들여져야 할까요? 소리가 제대로 나지 않거나, 줄 튜닝이 불가능하거나, 사진으로는 보이지 않던 크랙이 상판에 있는 경우도 '그냥 그럴 수 있는 것'일까요?

만약 기타에 심각한 문제가 있다는 걸 알게 된다면, 여러분은 당연히 판매자에게 항의하고 환불을 요구할 것입니다. 그런데 판매자가 이렇게 말한다면요?

판매자: 10년 된 기타인데 신품 수준의 상태를 기대하신 건 아니죠? 그런 문제들이 있으니까 10만 원인 거고요. 수리해서 쓰시든지 하세요. 환불은 어렵습니다.

이런 반응을 듣는 순간, 여러분은 판매자가 게시했던 글과 사진을 다시 찾아볼 것입니다.[6] 그런데 마침 기타 설명란에서 다음과 같은 문구를 발견합니다.

> "10년 된 기타지만 워낙 조심스럽게 사용해서 큰 흠집 없이 깨끗한 상태입니다. 10년 전 구입 가격이 70만 원인 고급 기타입니다. 지금도 연주에 아무런 지장이 없습니다."

[6] 문제는 그 글이 삭제되어 있다면 확인할 길이 없다는 것이죠. 그래서 많은 사람들이 거래 전에 판매글과 사진을 캡처해서 보관해둡니다.

이 설명이 남아 있다면, 환불을 요구할 수 있는 근거가 생깁니다.

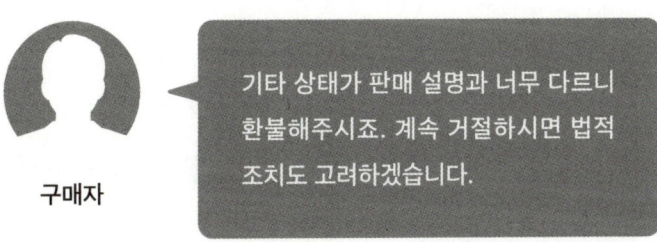

구매자: 기타 상태가 판매 설명과 너무 다르니 환불해주시죠. 계속 거절하시면 법적 조치도 고려하겠습니다.

판매자가 전문적인 사기꾼이 아니라면 환불에 응할 가능성이 높겠죠. 하지만 만약 판매자가 올린 매물 글에 다음과 같은 설명만 있었다면 상황은 달라졌을 겁니다.

"10년 된 중고 기타 판매합니다. 구입 가격은 70만 원이었습니다."

이런 경우라면 판매자에게 환불을 요구하기는 쉽지 않습니다. 아마도 현명한 독자 여러분이라면, 이런 설명만 있는 매물은 불안해서 구매를 망설였을 것입니다. 위 사례에서 판매자가 기재한 기타에 대한 설명과 사진이 바로 매물에 관한 '진술 및 보증'입니다. 그리고 그 내용이 사실과 다르다면, 판매자는 그로 인한 법적 책임을 부담하게 됩니다.

◦ ◻ ◻

이제 기업 투자 거래로 시선을 돌려볼까요? 창업자가 회사를 설립할 때부터 주주가 되는 경우가 아니라면, 투자자는 이미 운영 중인 회사의 주식을 매입하게 됩니다. 즉 회사를 하나의 '중고 물건'처럼 구입하는 셈입니다. 설립 이후 일정 시간이 지난 회사라면 자산도 있고 부채도 있으며, 과거의 경영 내역이 고스란히 남아 있기 때문입니다.

그러니 투자자는 이 '중고 물건'의 상태에 대해 창업자의 설명을 듣고, 재무 자료나 주요 계약서 등을 꼼꼼히 검토한 뒤 투자를 결정하는 것이 당연한 수순입니다. 하지만 현실에서는, 억 단위를 훌쩍 넘는 투자 계약이 중고 물품 거래보다도 더 허술하게 진행되는 경우가 적지 않습니다.

"어떤 사업을 하는 회사죠?"

"언제쯤 상장할 계획인가요?"

"액면가의 몇 배수로 투자하는 거죠?"

평소 알고 지내던 지인으로부터 회사에 대한 설명을 들은 후, 얼핏 보기에는 스마트하고 날카로워 보이는 질문들을 던집니다. 그리고 창업자의 장밋빛 대답을 듣자마자, 제대로 따져보지도 않고 투자로 직행하는 경우가 의외로 많습니다.

이런 투자자는 자신의 결정을 창업자에 대한 신뢰에 바탕한 '쿨'하고 멋진 선택이라고 생각할지도 모릅니다. 하지만 실상은 '쿨'하기보다 지나치게 어설프고 경솔한 투자에 가깝습니다. 그 '신뢰'라는 것이 과연 무엇을 근거로 한 것일까요? '왠지 이 사람은 거짓말을 할 것 같지 않은' 일종의 '느낌적 느낌'일 수도 있겠죠. 그러나 투자에 있어 가장 위험하고 피해야 할 것이 바로 이런 '근거 없는 신뢰'입니다.

현명한 투자자라면 투자대상회사에 대해 반드시 필요한 자료를 요청하고, 주의 깊게 검토하고, 꼼꼼하게 질문해야 합니다. 그리고 그 질문에 대한 창업자와 회사의 답변은 단순한 구두 설명이 아니라, 계약서를 통해 서면으로 '진술'하고, 그 진술 내용을 '보증'하게 만들어야 합니다. 이러한 과정을 통해 만들어지는 것이 바로 이번 장에서 설명할 '진술 및 보증' 조항입니다.

이제 제가 얼마 전 자문했던 실제 투자계약서에 들어간 진술 및 보증 조항의 일부를 함께 살펴보겠습니다.

별첨1. 회사 및 이해관계인의 진술 및 보장

회사 및 이해관계인들은 별첨 4. 공개목록에 기재된 바를 제외하고, 다음 진술들이 본 계약의 체결일부터 납입 기일까지 모든 측면에서 진실되고, 정확하며, 완전함을 보증한다. 다만, 어느 특정일을 기준으로 언급하고 있는 진술 및 보장사항은 특정일을 기준으로 진실하고 정확하다는 것을 의미한다.

제1조 일반 사항
(1) 회사는 대한민국 법률에 의하여 적법하게 설립되고 유효하게 존속하며, 그 재산을 소유, 임대, 운영하고, 사업을 영위하는 데 필요한 적법, 유효한 능력과 권한을 보유하고 있으며 제반 허가 및 승인을 받았다.
(2) 회사 및 이해관계인은 본 계약을 체결하고, 본 계약에 규정된 모든 의무를 이행할 수 있는 적법, 유효한 능력과 권한을 보유하고 있다. 본 계약은 회사 및 이해관계인을 적법하게 구속하는 효력이 있다.
(3) 본 계약을 체결하고 이를 이행하는 것은 회사 및 이해관계인에게 적용되는 법령, 정관이나 내부 규정에 위반되지 아니하며, 회사가 당사자이거나

회사를 구속하는 계약, 증서 또는 문서에 위반되거나 회사의 중요 재산 또는 영업에 부담을 설정하는 사유가 되지 아니한다.

(4) 회사는 주금 납입기일 현재 인수인에 대하여 본 계약에 따른 주식을 적법하고 유효하게 발행하기 위해 필요로 하는 정관 및 내부규칙의 변경, 이사회의 승인을 비롯하여 본 계약의 체결 및 유지를 위하여 회사가 이행하여야 할 모든 조치를 적법하게 취하였다.

(5) 회사의 설립 이후 거래 종결일까지 개최된 모든 주주총회 및 이사회 결의는 관계 법령 및 정관에 따라 적법하게 소집·결의되었다.

제2조 자본에 관한 사항

(1) 회사의 발행주식은 본 계약 체결일 기준으로 1주당 액면가가 500원인 보통주 4만 주이고, 그 이외의 발행 주식은 존재하지 아니한다. 회사의 모든 기발행 주식 및 사채는 적법하고 유효하게 발행되었고 대금은 전부 납입되었으며 그와 반대되는 사실이 기재된 주주총회 의사록, 이사회 의사록, 합의서 등 일체의 서류 기타 법적 효력 있는 자료가 존재하지 않으며, 당해 주식 또는 사채 발행의 무효 또는 부존재를 주장하는 자가 없으며 당해 주식 또는 사

채 발행의 유효성과 관련하여 어떠한 형태의 법적 분쟁도 발생한 바 없고, 그런 우려도 없다. 본 계약 체결일 기준 주주 명부는 별첨5. 주주명부와 같다.

(2) 회사는 별첨 4. 공개목록의 별표 4.1 주식매수선택권 부여 내역에 명시된 주식매수선택권 및 별표 4.2 전환사채 발행 내역에 명시된 전환사채를 제외하고는 전환사채, 신주인수권부사채, 교환사채를 발행하거나, 제3자에게 기타 회사의 신주발행을 요구할 수 있는 권리를 부여한 바 없다. 또한 회사는 제3자에게 회사의 주식, 전환사채, 신주인수권부사채, 교환사채를 발행해주거나 기타 회사의 신주발행을 요구할 수 있는 권리를 부여하기로 하는 계약을 체결하거나 이를 약정한 바 없다.

(3) 회사 또는 이해관계인을 대상으로 하여 또는 회사의 사업 수행 및 회사의 지분 구조와 관련하여 이해관계인, 회사의 임직원 또는 대리인을 대상으로 하여 제기되거나 제기될 우려가 있는 분쟁사항은 존재하지 아니하며, 회사 및 회사의 지분 구조에 부정적 영향을 미치거나 미칠 것으로 우려되는 사항도 존재하지 아니한다.

제5조 재무상태표 및 채무에 관한 사항

(1) 회사가 인수인에게 제공한 2021. 6. 30.기준 재

무상태표는 대한민국에서 통용되는 회계기준을 포함하여 일반적으로 인정되는 회계원칙 및 관행에 따라 회계법인을 통해 작성되었으며 회사의 재무상태 및 영업현황을 충실하게 반영하고 있다.

(2) 상기 재무상태표 기준일 이후에, 회사의 재무상태, 자산 및 부채, 영업에 불리한 영향을 미칠 수 있는 중대한 변경이나 변동사항은 없다.

(3) 회사의 재무상태표에 반영된 부채를 제외하고, 회사는 여하한 채무를 부담하고 있지 아니하며, 회사가 우발적 채무를 부담하게 될 사유나 약정도 존재하지 아니한다. 또한 타인의 채무 또는 이행에 대하여 회사가 공개하지 아니한 직·간접적 보증은 존재하지 아니한다.

제12조 소송에 관한 사항

회사와 이해관계인이 인지하는 한, 회사는 다음 각호에 명시된 바와 같이 소송 또는 분쟁을 겪고 있지 아니하다.

1. 회사, 그 활동 또는 재산을 상대로 개별적으로 또는 집합적으로 중대한 부정적 영향을 초래할 수 있는 소송, 심판, 신청, 청구, 조정, 중재, 조사, 감사, 수사, 청문, 또는 여타 법률절차 또는 행정절차("소송")가 정부 당국에 계류 중인 바 없으며, 그러한 소송 등을 제기하겠다는 위협도 없었다.

2. 회사에 대하여 어떠한 명령도 발효되고 있지 아니하며, 회사는 회사와 그 자산을 구속하는 명령과 관련하여 이를 불이행하고 있는 바 없다.

3. 현재 회사가 제기한 소송이 계류 중인 바 없으며, 회사가 제기하고자 하는 소송도 없다. 그러한 소송의 일례로, 회사의 임직원이나 자문역의 과거 고용관계, 이들이 회사의 업무와 관련하여 그 과거 직원, 고객 또는 여타 제3자의 소유라고 주장되는 지적재산, 정보, 기술 또는 기법을 사용하는 것, 또는 그 과거 직원, 고객 또는 여타 제3자와 체결한 계약에 따른 이들의 의무와 관련하여, 소송이 계류 중이거나, 그러한 소송을 제기하겠다는 위협이나 소송의 근거도 없다.

제16조 완전공개

회사는 인수인이 본 계약에 의한 거래 여부를 판단하기 위하여 필요한 모든 중요한 서류 및 자료를 인수인에게 제공하였으며, 본건 거래 또는 본 계약과 관련하여 인수인에게 제공된 회사의 재무제표, 각종 서류, 문서와 정보는 진실되고 정확하며, 허위사실이나 사실의 부정확한 기재가 없고, 그러한 서류 또는 문서에 포함되어야 할 내용을 모두 포함하고 있다.

핵심적인 조항만 추려낸 것인데도 이 정도니, 실제 계약서에서 진술 및 보증 조항이 얼마나 길고 복잡할지 상상이 되실 겁니다. 경우에 따라서는 열 페이지, 아니 백 페이지가 넘기도 합니다. 예를 들어 제5조는 회사의 재무상태 및 채무 관련 사항을 명확히 규정하고 있고, 제12조에서는 현재 소송이나 법적 분쟁이 없다는 점을 진술하고 있습니다. 이러한 조항에 명시된 회사의 상태와 실제 상태 사이에 차이가 있을 경우, 투자 판단의 전제가 무너지는 것이므로 투자자는 이를 근거로 회사나 창업자에게 손해배상을 청구할 수 있게 됩니다. 마치 중고 기타의 설명과 실제 상태가 달라 환불을 요구하는 것과 비슷합니다.

또한 계약체결 시점부터 거래종결, 즉 실제 투자금 입금 시점 사이에 이런 차이가 발견되면, 투자자는 투자금 입금을 거부하고 계약을 해제할 수도 있습니다. 마치 구매자가 직거래를 약속하고 판매자를 만나 중고 기타의 실제 상태를 확인한 뒤, 판매글에 적힌 설명과 다르다는 이유로 거래 자체를 거절하는 경우와 같습니다.

이러한 점에서 진술 및 보증 조항은 투자자의 보호를 위해 절대적으로 필요한 장치입니다. 그런데 창업자의 입장에서 보면 이 조항의 의미는 훨씬 더 복잡합니다.

진술 및 보증 조항이 하나의 예외도 없이 모두 사실이라면, 해당 회사는 거의 완벽한 회사일 것입니다. 하지만 현실에는 완벽한 회사가 존재하지 않죠. 창업자는 투자 유치를 위해 장점은 강조하고 단점이나 문제점은 감추고 싶은 유혹을 받기 쉽습니다. 그러나 이러한 정보 은폐는 투자자와의 신뢰를 무너뜨리고 법적 위험을 키우게 됩니다.

예컨대 제1조에서는 회사가 적법하게 설립되고 유효하게 존속하고 있다는 점을 진술하고 있으며, 제2조에서는 자본 및 주식과 관련된 사항에 대해 보증하고 있습니다. 이들 내용과 실제 상황 사이에 차이가 있음을 투자자가 나중에 발견하면, 투자자는 진술 및 보증 위반을 근거로 손해배상을 청구할 수 있습니다. 반면 계약체결 전, 해당 내용이 투자자에게 정확히 전달되었고 투자자가 이를 감수한 경우라면, 문제가 되지 않을 수도 있습니다.

그래서 어떤 측면에서는 진술 및 보증 조항은 투자자보다 창업자와 회사에게 더 중요한 의미를 갖습니다. 회사의 불완전성이나 문제점들을 투자자에게 공식적으로 고지함으로써 투자자가 그런 점들을 이미 인지한 상태에서 투자계약서를 체결하도록 할 기회가 진술 및 보증 조항을 작성하고 협상하는 과정에서 창업자에게 주어지는 것이죠.

바로 이런 이유 때문에 진술 및 보증 조항의 첫머리에 명시된 "별첨 4. 공개목록에 기재된 바를 제외하고"라는 문구가 중요한 의미를 갖습니다. 이 공개목록은 창업자가 회사의 불완전성과 문제점을 투자자에게 고지하며, 투자자는 이를 인지하고도 계약을 체결함으로써 해당 항목들에 대해 법적 책임을 면제해주는 역할을 하는 것입니다.

그래서 투자자와 창업자 간 협상에서 '공개목록'은 매우 중요한 협상 포인트가 됩니다. 창업자는 가능한 많은 문제를 공개목록에 기재하여 그 문제들에 관한 법적 책임에서 벗어나려 하고, 투자자는 가능한 한 그 범위를 줄이려 합니다. 겉보기에 기이한 풍경이 펼쳐지는 것이죠.

○ □ ○

계약의 협상은 당사자들 간의 관계가 좋을 때, 나중에 발생할 수 있는 싸움 거리들을 미리 찾아내서 그 싸움을 미리 해두는 과정입니다. 투자 계약을 협상하는 시점에는, 창업자가 자신의 지분을 투자자에게 나눠줄 정도로, 또 투자자가 자신의 소중한 자금을 창업자의 회사에 기꺼이 투자하고자 할 정도로, 서로에 대한 기본적인 신뢰와 호감을 가진 상태일 가능성이 높습니다. 그렇기 때문에 회사에 존재하는 문제점들을 고백하고 투자자의 이해와 용서를 구하기에 가장 좋은 시점도 바로 이때입니다. 그러나 모든 문제가 용서받을 수 있는 것은 아닙니다. 공개목록에 포함된 사항이 중대하거나 지나치게 많다면 투자자가 다시 가격 협상을 요구하거나, 최악의 경우 투자 자체를 철회할 수도 있기 때문입니다.

실제로도 투자 조건이나 주요 법적 쟁점에 대해서는 거의 합의가 되었지만, 공개목록의 내용을 둘러싼 협상에서 투자 협상이 결렬되는 경우가 적지 않습니다. 그래서 경우에 따라 창업자가 결정적인 문제점들을 공개하지 않고, 일단 투자를 받는 쪽으로 방향을 정하기도 합니다. 자금난을 먼저 해소해놓고, 나중에 투자자가 문제점을 발견하게 되면 그때 손해배상을 해주는 것이, 지금 문제를 공개하고 투자를 받지 못하는 것보다 낫다는 판단에서입니다.

하지만 이러한 선택은 창업자에게 '독'이 되는 경우가 많습니다. 만약 그렇게 숨긴 문제점이 투자자의 투자 여부나 조건 결정에 중대한 영향을 미칠 정도로 크다면, 투자자는 단순한 민사상 손해배상청구나 투자금 반환 요구를 넘어서, 창업자나 투자 과정에 관여한 임직원들을 사기죄 등으로 형사고소할 수도 있기 때문입니다.

게다가 진술 및 보증 조항 위반에 따른 책임은 회사와 창업자가 함께 지게 됩니다. 이 경우 창업자는 자신의 개인 재산으로 투자자에게 배상해야 하는 참담한 상황에 처할 수 있습니다. 집이 압류되어 경매로 넘어가고, 통장까지 막혀 가족의 생활비조차 마련하지 못하는 상황은 반드시 피해야 합니다.

실제로 이런 상황에 놓이면 창업자는 매우 외롭습니다. 회사의 임직원들과 상의하기도 어렵고, 가족들에게 털어놓으며 걱정을 끼칠 수도 없습니다. 투자 유치 과정에서 적지 않은 자문료를 들여 법률전문가나 재무전문가의 조언을 구하는 이유는 단순히 계약서를 잘 쓰기 위해서만이 아닙니다. 투자 협상 중 발생하는 수많은 의사결정에서 적절한 조언을 받고, 그 외로움을 덜기 위한 목적이 더 크다는 점을 기억해야 합니다.

13장

진실은
계약서 밖에 있다

실사

'실사實査'는 말 그대로 현실을 조사한다는 뜻입니다. 영어로는 Fact Finding, Fact Check, Investigation 같은 표현이 떠오를 수 있지만, 실제 투자계약서에서는 'Due Diligence'라는 용어가 사용됩니다. 이는 영미법에서 유래한 개념으로, 투자나 인수를 진행할 때 합리적으로 수행해야 할 확인 및 조사 행위를 뜻합니다.

지난 장에서 설명했듯이, '진술 및 보증' 조항은, 계약체결 후 투자 실행 당시 회사의 상태에 대해 창업자와 회사로부터 정보를 서면으로 확인해주는 역할을 합니다. 그런데 여기서 당연히 다음과 같은 의문이 생깁니다.

투자자

이미 창업자와 회사가 계약서상 회사 상태를 보증하는데, 왜 투자자가 시간과 돈을 들여 따로 실사를 해야 하지?

이런 의문이 든다면 진술 및 보증 조항의 핵심을 잘 파악한 겁니다.

맞습니다. 투자자는 계약서에 담긴 진술 및 보증 조항을 바탕으로, 사실과 다른 내용이 발견되었을 경우 회사와 창업자에게 손해배상을 청구할 수 있습니다. 그런데 현명한 투자자라면 여기서 한 걸음 더 나아가, 다음과 같은 중요한 질문을 던집니다.

투자자

> 그런데 계약 위반이 드러났을 때, 회사나 창업자에게 배상할 재산이 없다면 나는 도대체 누구에게서 손해를 배상받을 수 있지?

○ □ ○

창업자나 회사가 투자를 받는 이유는 당연히 자금이 부족하기 때문입니다. 투자금을 받은 회사는 연구개발, 고연봉 인재 채용, 고가 장비 구매, 사무실 확장 등에 자금을 빠르게 사용하게 됩니다. 그래서 진술 및 보증 위반이 나중에 밝혀졌을 때는 이미 투자금 대부분이 소진된 상태일 가능성이 높습니다.

예를 들어 어떤 투자자가 5억 원을 투자한 지 1년쯤 지난 시점에, 해당 회사가 가진 기술이 특허를 침해했다는 이유로 10억 원 규모의 소송이 투자 당시에 이미 제기되어 있었다는 사실을 알게 됐다고 해봅시다. 그런데 이런 사실을 알게 된 시점에는 이미 회사의 현금 보유액이 1억 원도 되지 않고, 창업자 개인이 갖고 있는 재산도 없는 상태라면, 투자자는 사실상 손해를 배상받을 방법이 없는 것입니다.

더구나 이 투자자가 사전에 해당 기술의 권리 관계나 소송 내역을 제대로 확인하지 않았고, 단지 계약서에 있는 진술 및 보증 조항만을 믿고 투자를 결정했다면, 그는 과연 충분히 주의를 기울였다고 할 수 있을까요?

'Due Diligence'의 사전적 정의는 '자신 또는 타인의 재산과 권익을 지키기 위해 합리적으로 취해야 할 주의 의무'입니다. 이 투자자는 실사라는 최소한의 주의 의무를 다하지 않은 것입니다.

바로 이런 이유로, 투자자는 계약체결 전에 질문하고 자료를 요구하고 검토하는 과정을 반드시 거쳐야 합니다. 그리고 이러한 과정이 외형상 회사의 실제 상태를 조사하는 것과 같아 보이기 때문에, 우리는 이 절차를 '실사'라고 부르는 것입니다. 매우 적절한 번역이라 할 수 있습니다.

진술 및 보증 조항이 제대로 포함되어 있다면, 투자자는 해당 조항이 위반된 경우 손해배상을 청구할 법적 권리를 가집니다. 그러나 앞서 언급한 것처럼, 위반 사실이 드러났을 때 회사와 창업자에게 자금이 없다면, 이 법적 권리는 사실상 무용지물이 됩니다.

따라서 이런 상황을 피하려면, 투자자는 '실사'를 통해 회사에 잠재된 문제를 최대한 철저히 점검한 뒤, 투자 여부와 조건을 결정해야 합니다. 이것이야말로 합리적이고 신중한 투자자의 자세입니다.

요약하자면 진술 및 보증 조항은 법적 권리를 부여하지만, 그 권리를 실질적으로 행사하려면 회사가 재정적으로 건전해야 합니다. 따라서 계약서만 믿고 아무런 사전 점검 없이 투자를 결정하는 것은 무모하고 경솔한 일입니다.

투자자

> 나는 이 창업자와 회사를 믿습니다. 큰 그림만 보고 믿고 투자하는 것이니 서류 따위는 보지 않겠습니다.

이런 태도의 투자자는 창업자에게는 환영받을지 몰라도, 투자자로서는 최악의 선택을 하고 있는 것입니다. 실제로 창업자와의 관계를 고려해 "불편한 질문은 하지 말자"라고 생각하는 투자자들이 많지만, 이는 결코 창업자를 위한 것도, 자신을 위한 것도 아닙니다.

회사의 재무자료, 기술자료, 주요 계약서 등을 요구해 꼼꼼히 검토하고 질문하는 것은 현명하고 신중한 투자자의 기본입니다. 그리고 이런 태도를 불쾌하게 여기는 창업자가 있다면, 오히려 그 회사에 투자하는 것을 다시 고민해보는 편이 낫습니다.

4부

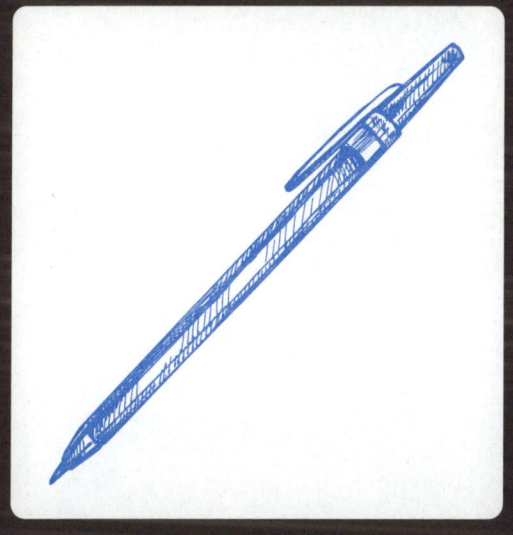

투자 계약은
끝이 아니라
또 다른 시작이다

14장

투자는 동행의
첫걸음이다

주주 간 계약

아파트 매매와 투자 거래의 가장 큰 차이는 무엇일까요? 아파트 거래는 매도인과 매수인 간의 거래가 시작이자 끝입니다. 매도인이 집값을 받고 등기 명의를 넘겨준 뒤 매수인의 이사까지 완료되면, 양측의 관계는 종결됩니다. 거래가 끝나면 서로 더 이상 얽힐 이유도 없습니다.

그러나 투자 거래는 다릅니다. 투자자가 투자금을 입금하면, 그 돈은 단순히 지불로 끝나는 것이 아니라, 회사의 지분이라는 형태로 남습니다. 그 순간부터 투자자는 창업자가 설립한 회사의 주주가 되어, 회사와 그리고 창업자와 장기적인 관계를 맺게 됩니다. 이처럼 투자 거래는 매매 거래와 본질적으로 다른 속성을 가집니다.

실제로 투자계약서에서는 주식 가격이나 입금 시기 등 투자 실행과 관련된 조항은 간단한 반면, 투자 이후 창업자와 투자자가 지켜야 할 회사의 지배 구조와 관련된 조항들이 훨씬 더 많은 분량을 차지하게 됩니다.

앞서 "회사의 주인은 누구인가?"라는 질문에 대해, 저는

'의사결정권을 가진 사람'이 진짜 주인이라고 설명드린 바 있습니다. 그리고 그 의사결정은 주주총회, 이사회, 대표이사라는 3단계를 통해 이루어진다고 말씀드렸죠.

○ □ ○

다시 한번 정리해볼까요? 상훈과 영민이 합의한 투자 조건에 따르면, 영민은 MGK에 3억 원을 투자해 전환우선주식 12만 주를 인수하게 됩니다. 그 결과 영민의 지분율은 약 23%, 나머지 77%는 상훈이 보유하게 되죠. 이 지분 구조에 따라, MGK는 여전히 상훈이 이사 및 대표이사를 임의로 선임할 수 있는 회사입니다. 법적으로 보면 MGK의 실질적인 주인은 상훈입니다.

그런데 3억 원이라는 적지 않은 돈을 MGK에 투자한 영민은, 상훈이 회사의 기업지배구조 Corporate Governance, 즉 MGK의 운영에 관한 주요 의사결정을 모두 주도하는 구조에 대해 과연 아무런 우려가 없을까요? 따지고 보면 MGK에 더 많은 돈을 투자한 사람은 2억 원을 낸 상훈이 아니라 3억 원을 낸 영민이니까요.

MGK의 사업 내용을 가장 잘 아는 사람은 창업자인 상훈입니다. 따라서 회사 운영과 관련된 의사결정을 상훈에게 맡기는 데에는, 영민과 상훈 간에 별다른 이견이 없었습니다. 그런 부분까지 신뢰하지 못했다면, 애초에 영민은 MGK에 투자하지 않았겠죠.

하지만 회사의 자금 운용이나 배당 정책, 또는 신규 주주의 유입, 회사의 매각처럼 회사의 근간에 중대한 영향을 줄 수 있는 중요한 결정들까지 77% 지분을 가진 상훈이 전적으로 주도하는 구조라면 어떨까요? 그렇게 되면 영민은 투자한 돈의 크기에 비해 제대로 된 권리를 보장받지 못하는 것 아닐까요?

무엇보다 중요한 건 창업자는 투자자의 입장에서 생각할 수 있어야 한다는 것입니다. 창업자의 입장에서는 다소 부담스러울 수 있지만, 투자자의 입장에서 당연히 가질 수밖에 없는 걱정들이 있다는 사실을 인정하고, 그런 걱정을 덜어주기 위해 적극적으로 노력하는 자세야말로 바람직한 창업자의 태도입니다.

상훈

> 지금 회사에 있는 돈, 앞으로 벌어서 모을 돈은 전부 회사를 위해서만 쓸 겁니다. 이익이 나면 당연히 배당도 적절하게 잘 해드릴 테니 걱정하지 마세요. 그리고 나중에 회사가 커져서 매각할 일이 생긴다면, 영민 님과 먼저 상의하고, 제 지분과 함께 영민 님 지분도 같이 매각될 수 있도록 조율하겠습니다. 믿고 맡겨주시죠.

그런데 만일 상훈이 이렇게 영민에게 '믿음'을 강요한다면 어떻게 될까요? 투자자의 시선에서 보면, 이런 유형의 창업자는 참으로 걱정스럽습니다. 제가 지금까지 경험한 바로는 투자 협상에서 가장 경계해야 할 것이 바로 이 '믿음'입니다.

금고 안에 넣어두었던 계약서를 다시 꺼내는 시점은 대부분 창업자와 투자자 사이에 분쟁이 발생했을 때입니다. 그리고 그 시점에는 이미 서로 간의 믿음은 사라졌을 확률이 높습니다. 그러니 "저 믿으시죠?" "제가 설마 제 마음대로 하겠습니까?" 같은 말이 창업자나 투자자의 입에서 나오는 순간, 그 협상은 산으로 가는 경우가 많습니다.

이런 이유로 회사에 대한 투자거래에서는 보통 주식인수계약Stock Purchase Agreement만 체결하는 것이 아니라, 주주 간 계약Shareholders Agreement도 별도로 체결하는 것이 일반적입니다.

물론 두 계약을 하나의 문서로 작성하는 경우도 많습니다. 하지만 그런 경우에도 형식만 하나일 뿐, 실질적으로는 신주인수계약과 주주 간 계약이라는 두 개의 계약이 한 문서에 통합된 것입니다.

주주 간 계약은 기존 대주주인 창업자와, 이번 투자 거래를 통해 새롭게 회사의 주주가 되는 투자자가 서로에게 약속하는 사항들을 서면으로 정리한 계약입니다. 대표적인 조항으로는 사전동의권, 임원 선임 관련 권리, 주식 처분 제한, 계약 위반 시 제재 조항 등이 있습니다.

○ □ ○

그렇다면 이제부터 본격적으로 창업자와 투자자 간의 주주 간 계약 협상이 어떻게 진행되는지 살펴보겠습니다.

투자 계약의 당사자는 누구일까요? 주식은 회사가 발행하고, 이를 인수하는 건 투자자이니 회사와 투자자만 계약 당사자가 되면 충분할 것처럼 보입니다. 하지만 실제 투자계약서들을 보면, 거의 예외 없이 '이해관계인Interested Party'이라는 다소 생소한 계약 당사자가 함께 등장합니다.

이해관계인은 말 그대로 회사에 중요한 '이해관계'를 갖고 있는 사람입니다. 대부분 창업자나 최대주주가 이해관계인이 되는데, 경우에 따라서는 지분율이 다소 낮지만 회사의 경영에 주도적으로 관여하는 사람도 이해관계인에 포함됩니다.

만약 투자 계약이 단순히 주식 발행과 인수에 관한 내용이라면 회사와 투자자만 당사자로 해도 큰 문제는 없을 것입니다. 그러나 투자자는 회사뿐 아니라 회사의 창업자에게도 여러 가지 약속을 받을 필요가 있습니다. 이 때문에 투자계약서에는 창업자가 '이해관계인'으로 계약 당사자에 포함되는 것입니다. MGK의 경우에도 창업자인 상훈이 이해관계인으로 당연히 계약서에 명시되어야 합니다.

투자업계에는 이런 말이 있습니다. "창업자는 투자를 못 받을 때에도 잠 못 이루지만, 투자를 받고 나면 더 잠을 못 이룬다." 투자자의 돈은 그만큼 무겁고, 때로는 무섭습니다. 창업자는 이 점을 분명히 인식해야 합니다. 투자를 받았다고 해서 이전처럼 회사를 마음대로 운영하고 투자자에게 아무런 책임도 지지 않아도 되는 것이라면, 그게 오히려 이상한 일이겠지요.

　투자자에 대한 책임은 단순한 도의적 책임에 머무르지 않습니다. 투자 이후 창업자의 어깨에는 무게감 있는 법적 책임이 얹히게 됩니다. 바로 이 법적 책임을 정교하게 규정해두는 계약이 주주 간 계약입니다.

　이제 주주 간 계약의 주요 조항 중 하나인 임원선임권과 사전동의권의 협상이 어떻게 이루어지는지 살펴보겠습니다. 먼저 이 조항들에 관해 영민과 상훈이 어떤 협상을 벌이는지 그 현장으로 들어가보겠습니다.

영민

MGK 이사회 구성은 어떻게 생각하세요? 제가 3억 원을 투자한 만큼, 이사회에 참여할 수 있으면 좋겠는데요.

상훈

당연하죠. 이사회는 세 명으로 구성하는 걸로 하죠. 이사는 주주총회에서 선임하는 거라 제가 전원을 선임할 수도 있지만, 그중 한 명은 영민 님 본인이나

> 영민 님이 직접 지정하는 분으로 선임하겠습니다.

영민

> 그런데 이사회가 세 명으로 구성되고 상훈 님이 그중 두 명을 선임하면, 결국 모든 이사회 결정을 상훈 님 뜻대로 하실 수 있게 되는 거라 조금 불편하긴 합니다. 사실 투자금도 제가 더 많이 넣은 상황이니까요. 이사를 네 명으로 늘리고, 그중 두 명은 제가 지명하는 걸로 하시죠.

상훈

> 음… 제가 77%의 지분을 갖고 있는 회사인데, 그건 조금 무리한 요구처럼 보이네요. 게다가 이사를 네 명으로 구성하면, 우리 의견이 엇갈릴 경우 모든 안건이 2:2로 가부동수가 돼서 이사회에서 아무런 결정을 내릴 수 없게 됩니다.

> 그런 구조는 회사 운영에 전혀 바람직하지 않죠.

영민

> 그렇게 서로 의견이 다른 경우라면, 창업자인 상훈 님이 저를 설득해서 풀어 나가야 한다고 생각합니다. 그게 창업자이자 CEO로서 상훈 님의 책임이기도 하고요. 상황에 따라서는 제가 상훈 님을 설득해야 할 일도 있겠죠. 게다가 상훈 님이 대표이사를 맡는 이상, 이사회 안건 외의 사항은 여전히 상훈 님이 결정권을 갖게 되니, 이사 구성을 2:2로 하자는 제안이 과도한 요구는 아닌 것 같은데요.

이처럼 이사회 구성에 관한 협상은 결코 쉬운 주제가 아닙니다. 특히 지금은 영민이 아직 투자 여부를 최종 결정하지 않은 상태에서 진행되는 협상이기 때문에, 상훈의 입장에서는 한층 더 조심스러울 수밖에 없습니다. 협상 과정에서 자칫

감정적 대립이 생기면, 그 여파로 투자 협상이 결렬되고 결국 투자를 받지 못하게 될 가능성도 있으니까요.

사실 이사회를 2:2로 구성하면 회사의 원활한 운영에 지장이 생길 수 있다는 상훈의 주장은 충분히 일리 있습니다. 하지만 이사회를 2:1로 구성하게 될 경우, 이사회에서 영민이 다른 의견을 제시하더라도 상훈이 이를 받아들이지 않으면, 그 의견은 법적으로 아무런 힘을 갖지 못하게 된다는 점에서 영민의 주장도 타당합니다.

따라서 창업자인 상훈이 자신의 77% 지분율만을 근거로 무조건 자기 주장만을 내세우는 것은 바람직한 협상 태도라 보기 어렵습니다.

그렇다면 상훈은 이 협상을 어떻게 풀어나가야 할까요? 이런 상황일수록 '이사회의 구성'이라는 박스 안에서만 해법을 찾으려 하기보다는, 사고의 틀을 벗어나야 합니다. 이른바 'Think out of the box'가 필요한 시점입니다.

이럴 때는 영민의 입장을 좀 더 깊이 들여다볼 필요가 있습니다. 영민은 단지 이사 2명을 지명하는 권한 자체를 원한다기보다, MGK의 중요한 의사결정에서 법적으로 완전히 배제되는 상황을 우려하는 것입니다.

그리고 영민이 재무적 투자자라는 점을 감안하면, 이사

회에 상정되는 모든 안건에 관심이 있다고 보기는 어렵습니다. 대신 재무적 투자자에게 중요한 의미를 갖는 일부 안건에 대해서는 법적 영향력을 갖고 싶어 한다는 점을 짐작할 수 있습니다.

이럴 때 자주 등장하는 대안이 바로 '사전동의권' 조항입니다. 즉 당사자들이 합의하에 계약서에 명시한 특정 안건에 대해서는, 회사가 최종 의사결정을 내리기 전에 투자자로부터 서면 동의를 받도록 하는 조항입니다.

사전동의권은 창업자가 투자자에게 부여하는 권리입니다. 따라서 이 조항은 신주인수계약서보다는, 창업자와 투자자 간의 관계를 명시하는 주주 간 계약서에 포함되는 것이 일반적입니다.

이렇게 영민의 입장을 더 깊이 들여다본 후, 상훈은 아까 교착상태에 빠져 있던 이사회 구성 관련 협상을 이렇게 이어 갑니다.

상훈

음… 고민해봤는데 이렇게 하면 어떨까요? 중요한 사항에 대해서는 제가 의사

> 결정을 내리기 전에 투자자인 영민 님과 충분히 사전에 상의하고, 영민 님의 서면동의를 받는 것으로 하겠습니다. 물론 어떤 사항이 '중요한' 것인지에 대해 서로 의견이 다를 수도 있으니, 사전에 동의를 받아야 할 구체적인 안건 목록을 계약서에 명확히 정해두는 걸로 하시죠.

영민

> 합리적인 제안인 것 같습니다. 거기에 한 가지만 더하자면, 상훈 님이 그 조항을 위반했을 경우 적용될 벌칙 조항도 함께 명시해두는 걸로 해서, 이 부분에 관한 협상은 이렇게 마무리하면 좋겠습니다.

○ □ □

투자자 영민의 경영 관여에 관한 협상은 이렇게 마무리

되었습니다. 여기에서 창업자 상훈이 한 일은 무엇일까요? 상훈은 영민이 주장한 '이사 2명 선임'이라는 외형에만 집중하지 않고, 그 요구를 통해 영민이 진짜로 얻고자 했던 실질, 즉 '중요한 안건에 대한 법적 영향력 확보'로 시선을 전환했습니다.

제가 기업 전문 변호사이자 투자자, 그리고 창업자로서 수많은 협상을 경험하며 느낀 것은, 입장이 첨예하게 갈릴 때일수록 이런 식의 사고와 시선의 전환이 협상의 돌파구가 되어준다는 점입니다.

여러분도 협상 중 의견 차이가 클 때는 잠시 10분 정도 휴식 시간을 가지며 스스로에게 질문을 던져보시길 권합니다. "지금 저 사람이 고수하고 있는 협상 포지션을 통해 정말로 얻고자 하는 것은 무엇일까?" 이런 질문을 던지는 순간, 실타래처럼 얽혀 있던 협상의 매듭이 풀리는 경험을 하게 될 것입니다.

15장

"이건 내 동의 없이는
못 해요"

사전동의권·위약벌·주식매수청구권

이번 장에서는 상훈과 영민이 합의한 사전동의권 조항이 어떻게 만들어지는지, 그리고 영민이 주장한 이른바 '벌칙 조항'에는 어떤 내용이 있었는지를 실제 사례를 바탕으로 살펴보겠습니다. 먼저 제가 자문했던 한 투자거래에서 주주 간 계약에 명시되었던 사전동의권 관련 조항을 보겠습니다.

① 회사 및 이해관계인은 다음 각 호의 사항에 관하여 투자자에게 각 사항의 시행일로부터 2주 전까지 서면으로 통지한 뒤 각 사항의 시행일의 전일까지 투자자로부터 서면동의를 얻어야 한다.

  1. 정관의 변경
  2. 신주 발행(유무상증자), 주식관련사채, 옵션 등의 발행 또는 부여
  3. 해산, 청산, 합병, 분할, 분할합병, 주식의 포괄적 교환 또는 이전, 영업의 양도, 영업의 양수, 타회사의 인수, 경영임대차, 위탁경영 기타 회사조직의 근

본적인 변경

4. 건당 전년도 감사보고서상 자산총계의 15% 이상 또는 연간 누계액 기준 전년도 감사보고서상 자산총계의 30% 이상의 소유자산을 구매, 매각, 대체, 처분 등을 하는 행위

5. 제3자에 대한 투자(주식 및 사채인수 포함), 자금대여, 담보 제공, 보증 등

6. 건당 전년도 감사보고서상 자산총계 15% 이상의 회사의 권리 및 의무를 제3자에게 양도

7. 본건 투자 당시 사업계획에 명시한 것과 현저히 다른 사업의 착수나, 주요사업의 중단, 포기

8. 건당 전년도 감사보고서상 자산총계의 15% 이상 또는 연간 누계액 기준 전년도 감사보고서상 자산총계의 30% 이상의 신규 자금차입 또는 채무의 부담

9. 계열회사(독점규제 및 공정거래에 관한 법률상 계열회사의 범위에 포함되는 회사를 말한다), 임직원, 주주, 그 특수관계인(자본시장 및 금융투자업에 관한 법률상의 특수관계인의 범위에 해당하는 자를 말한다)과의 거래

10. 현금, 주식 또는 기타 회사의 재산으로 이루어지는 배당의 의결 또는 지급

11. 이해관계인의 주식 처분, 임직원에 대한 주식매

수선택권의 부여
　　12. 우리사주의 발행에 관한 사항
　　13. 외부감사인의 선임 및 변경
　　14. 대표이사의 선임 및 해임

　　결코 짧지 않죠. 실제 현장에서는 이보다 더 방대한 목록이 등장하는 경우도 많습니다. 이 리스트가 길어질수록 투자자가 회사 경영에 관여하는 정도도 그만큼 커지게 됩니다.

　　여기서 주목할 점은, 앞서 이사회 구성 협상을 할 때에는 상훈과 영민의 주장이 서로 접점을 찾기가 어려워 자칫하면 투자 협상이 결렬될 수도 있는 분위기였다는 것입니다. 2:1이면 영민의 영향력이 전혀 없고, 2:2면 모든 안건에서 거부권을 행사할 수 있는 구조였기 때문에 협상이 자연히 대립적인 방향으로 흐를 수밖에 없었습니다. 반면 지금 소개하는 사전동의권 조항은 항목별로 협상이 이루어지기 때문에, 협상 결렬의 가능성이 훨씬 낮아집니다.

　　위 리스트에 포함된 항목들을 보면, 많은 부분이 회사의 재무에 관한 사항임을 알 수 있습니다. 신주 발행, 배당 관련 의사결정, 회사 자금을 제3자에게 투자하거나 대여하는 행위, 보증이나 담보 제공, 회사의 특수관계인과의 거래 등이 대표적인 예입니다. 실제로 이들은 대부분의 투자계약에서 투자자에게 사전동의권이 부여되는 항목이기도 합니다.

또 하나 주목할 만한 카테고리는 회사의 근본을 변경하는 행위에 관한 조항들입니다. 예를 들어 사전동의권 조항의 7호처럼 말입니다.

상훈

> 다시 생각해봤더니, 장갑을 수입해서 판매하는 사업보다 좋은 자리를 골라서 치킨 체인점을 여는 게 더 수익성이 높을 것 같습니다. 안 그래도 제가 봐둔 동네에는 치킨집이 별로 없어서 장사가 아주 잘될 것 같아요. 회사에 5억 원도 있으니 멋지게 시작해볼 수 있을 것 같습니다!

만약 상훈이 영민의 투자를 받은 이후에 이렇게 말한다면, 영민 입장에서는 어안이 벙벙해질 겁니다.

많이 당황스럽네요. 저는 치킨 체인점에 투자할 생각은 전혀 없었습니다. 그러니 제가 투자한 돈은 돌려주시고, 그 사업에 투자할 의향이 있는 다른 투자자를 찾아보시는 게 좋겠습니다.

영민

아마도 영민은 이렇게 반응할 가능성이 큽니다. 그런데 만약 상훈이 영민의 투자금 반환 요청에 이렇게 나온다면 상황은 훨씬 더 난감해집니다.

상훈

처음 얘기했던 사업을 하지 않게 된 건 미안하지만, 투자 자체는 이미 이루어진 일이니 투자금을 돌려드리는 건 어렵습니다. 치킨 체인점을 열심히 운영해서 수익을 내고, 그걸로 투자금을 갚아드리겠습니다.

이런 상황이라면, 영민은 집에 돌아오자마자 투자계약

―사전동의권·위약벌·주식매수청구권

서를 꺼내 조항들을 다시 꼼꼼히 확인했을 가능성이 큽니다. 만약 이사선임권도 사전동의권도 없는 계약서에 서명해 이사회와 대표이사가 모두 상훈과 상훈이 지명한 사람들로 구성되어 있다면, 영민은 그제서야 자신이 큰 실수를 했다는 사실을 깨닫게 될 것입니다.

반면 투자계약서에 사전동의권 조항이 들어가 있었다면 상황은 크게 달라졌을 것입니다.

영민

> 상훈 님, 투자계약서를 보니 회사의 주요 사업을 변경하거나 중단하기 위해서는 저와 먼저 상의하고 사전에 제 서면동의를 받도록 되어 있습니다. 그러니 제 동의 없이 어제 말씀하신 것처럼 사업 내용을 바꾸는 건 명백한 계약 위반입니다. 그리고 저는 치킨 체인짐으로 사업 내용을 변경하는 일에는 전혀 동의할 생각이 없으니, 원래 계획대로 Magic Glove를 수입·판매하는 사업에 집중해주시기 바랍니다.

이런 영민의 말을 듣고 상훈이 다음과 같이 답한다면, 그

나마 해피엔딩이 될 것입니다.

상훈

아… 계약서에 그런 조항이 있었군요. 그렇다면 처음 계획했던 대로 Magic Glove 수입 사업을 하겠습니다. 치킨 체인점은 Magic Glove 사업으로 돈을 번 다음에 제 사비로 해보겠습니다.

당연히 이런 반응을 기대하며 안심하고 있던 영민은 다음 날 아침, 상훈으로부터 청천벽력 같은 문자 메시지를 받습니다.

상훈

어제 얘기 듣고 저도 계약서를 다시 읽어보며 고민을 많이 해봤습니다. 말씀하신 대로 계약서에 그렇게 명시되어 있는 건 맞습니다. 그런데 이미 제 생각은 바뀌었고, 사업 변경은 그대로 추진하려고 합니다. 제가 계약을 위반하게

> 되는 건 맞지만, 치킨 체인점이 잘 되면 영민 님도 투자금을 회수하는 데 아무 문제가 없을 거라고 생각합니다. 실제로 손해 보실 일은 없을 겁니다. 제가 감당합니다.

이 순간 영민의 입장에서는 그야말로 지옥문이 열린 것 같은 기분이었을 것입니다. 사전동의권 조항을 위반한 건 분명하지만, 실제 손해가 얼마인지를 입증하는 일은 생각보다 훨씬 복잡하고 어려울 수 있습니다. 이처럼 '계약위반은 분명한데, 손해는 얼마인지 모르겠는' 상황은 사전동의권 조항뿐 아니라 대부분의 투자 계약 위반 사안에서 투자자들이 자주 마주하는 문제입니다.

바로 이런 상황을 대비하기 위해 계약서에 포함되는 조항이 계약 위반 시의 벌칙 조항입니다. 영민이 이사선임권을 요구하는 대신 사전동의권과 벌칙 조항을 계약서에 규정하는 방향으로 협상을 마무리한 것은 매우 현명한 결정이었습니다.

○ □ ○

이제 창업자나 회사가 투자 계약을 위반했을 때 투자자를 보호하기 위한 벌칙 조항에는 어떤 것들이 있는지 살펴보겠습니다. 대표적인 예로 위약벌Liquidated Damages과 주식매수청구권Put-option이 있습니다.

위약벌

위약벌 조항은 창업자나 투자대상회사가 투자 계약을 위반할 경우, 투자자에게 배상할 금액을 미리 정해두는 조항입니다. 이 금액이 상당히 큰 편이며, 그래서 종종 '투자자 갑질'의 사례로 언급되기도 합니다.

창업자 입장에서는 이 조항의 금액을 두고 협상하기가 쉽지 않습니다. 위약벌이 과도하다고 느껴 낮춰달라고 요청하면, 오히려 투자자로부터 "계약을 위반할 의도가 있는 것 아니냐"라는 의심을 살 수 있기 때문입니다.

창업자: 위약벌 금액을 조금 낮출 수 있을까요…?

투자자: 계약을 잘 지키면 아무 문제 없는 금액인데, 그걸 낮추자는 건 혹시 계약을 위반할 생각이 있다는 건가요?

창업자는 혹시 모를 실수에 대비해 조정이 필요하다는 식으로 항변해보지만, 한편으로는 이런 말을 꺼내는 것 자체가 협상에서 불리하게 작용할 수 있다는 걸 체감하게 됩니다.

창업자: 그래도 사람 일이라는 게 모르는 거라서요. 혹시라도 실수로 위반할 수도 있는 거니까….

그렇다면 창업자는 위약벌 조항을 어떻게 협상해야 할

까요? 가장 먼저 해야 할 일은 다른 투자 계약들에 적용된 위약벌 사례를 가능한 한 많이 수집하는 것입니다. 각 계약에서 위약벌 금액이 얼마로 정해졌는지, 투자금 대비 어느 정도 비율이었는지를 파악하면, 창업자는 그 데이터를 근거로 이렇게 질문할 수 있습니다.

창업자: 다른 투자 계약에서는 보통 투자금의 10~15% 수준인데, 왜 이번 계약에서는 훨씬 높은 수준을 요구하시나요?

사실 창업자로부터 이런 질문을 받으면 투자자도 선뜻 설득력 있는 이유를 내놓기 어려워집니다.

투자자: 음… 계약을 위반하지 않도록 하려면 그 정도는 받아야 할 것 같아서요….

투자자가 이렇게 얘기해볼 수는 있지만, 그다지 설득력 있는 설명은 아니겠죠. 바로 이 지점에서 협상의 실마리가 열릴 수 있습니다.

　이처럼 비교 사례를 기반으로 위약벌 금액을 조정했다면, 그다음에 협상할 중요한 포인트는 '위반의 성격'에 따라 위약벌을 차등 적용하는 것입니다. 즉 계약을 '실수로' 위반한 경우에는 상대적으로 낮은 위약벌을 적용하고, 고의적으로 위반한 경우에는 더 무거운 위약벌을 부과하도록 정하는 방식입니다.

　투자대상회사는 창업 당시에는 1인 회사로 시작했겠지만, 창업 후 사업이 진행되면서 점차 임직원을 고용하게 됩니다. 이 과정에서 임직원들이 업무를 수행하던 중 본의 아니게 투자 계약을 위반하는 행위를 할 가능성도 있습니다. 문제는 이러한 임직원의 행위로 인해, 창업자 본인이나 회사가 계약을 위반한 것으로 간주될 수 있다는 점입니다. 이럴 경우, 창업자가 고의가 없었음에도 불구하고 과도한 위약벌 부담을 시게 된다면 이는 지나치게 가혹한 결과가 될 수 있습니다.

　그래서 위약벌 조항을 협상할 때 창업자 입장에서는 '고의가 없는 계약위반'에 대해서는 책임을 면제하거나 줄여 달라고 요구하는 것이 바람직합니다.

　제 경험상 이러한 정도의 요구는 많은 투자자들이 수용해왔습니다. 창업자가 합리적인 근거와 함께 예외 조항을 제안하거나, 위약벌 금액을 현실적인 수준으로 조정하려는 태도를 보일 때, 오히려 창업자의 책임감과 협상 능력에 대해 긍정적인 인상을 받는 투자자들도 많았습니다.

물론 모든 투자 계약에 위약벌 조항이 있는 것은 아닙니다. 실제로 위약벌 조항이 없는 계약들도 상당히 많습니다. 따라서 창업자는 투자자의 성향을 정확히 파악한 뒤, 그에 맞는 협상 전략을 세우는 것이 중요합니다.

예를 들어 투자자가 리스크를 최소화하려는 성향이 강하다면, 위약벌 조항 자체는 수용하되 수준을 합리적으로 조정하는 방향이 효과적일 수 있습니다. 반면 창업자의 비전과 성장을 신뢰하는 투자자라면, 위약벌 조항 자체를 아예 삭제하는 협상도 충분히 가능할 것입니다.

주식매수청구권

이번에는 계약 위반 시 벌칙 조항 중 하나로 많이 활용되는 주식매수청구권, 즉 풋옵션에 대해 알아보겠습니다.

다시 MGK의 사례로 돌아가보겠습니다. 창업자 상훈이 갑자기 치킨체인점으로 사업 방향을 전환하겠다고 나선 상황에서, 투자자인 영민은 신뢰를 바탕으로 투자했던 창업자가 약속을 지키지 않는 모습을 보며 더 이상 이 회사의 주주로 남고 싶지 않다는 생각이 들 수 있습니다. 이 경우, 영민은 자신이 보유한 주식을 상훈에게 매도하고 싶어질 것입니다.

영민

> 이제 서로의 신뢰 관계가 깨졌으니, 제가 MGK의 주주로 계속 남아 있는 건 의미가 없는 것 같습니다. 제가 보유한 주식을 상훈 님이 매입해주시면 좋겠습니다.

하지만 문제는 여기 있습니다. '부탁'은 어디까지나 부탁일 뿐, 창업자 상훈이 이를 거절하면 영민은 법적으로 강제할 방법이 없습니다. 바로 이럴 때 주식매수청구권 조항이 등장합니다. 주식매수청구권은 투자자가 일방적으로 주식 매수를 청구할 수 있는 권리를 의미하며, 투자계약서에 이 조항이 포함되어 있으면 이러한 부탁을 '법적 청구'로 바꿔주는 효과를 가집니다.

> 상훈 님과의 신뢰가 깨진 지금으로서는 더 이상 이 회사에 남을 이유가 없습니다. 투자계약서에 따라, 제가 투자한 금액에 연 복리 15% 이자를 더한 금액으로 제 주식을 매입해주세요.

영민

　이처럼 주식매수청구권은 창업자에게 상당한 부담이 될 수 있는 조항입니다. 왜냐하면 주식매수청구권은 회사가 아닌 창업자가 직접 책임지는 개인적 의무이기 때문입니다. 투자자와의 관계가 틀어졌을 때, 창업자가 개인 자금으로 주식을 되사야 하는 구조인 것이죠. 다음은 제가 최근 자문했던 실제 계약서에 명시된 주식매수청구권 조항 중 일부입니다.

제12조 주식매수청구권

(1) 회사 또는 이해관계인에게 다음 각 호 사유가 발생한 경우 투자자는 회사 또는 이해관계인에게 본 계약으로 인수한 주식 전부 또는 일부를 매수할 것을 청구할 수 있다. 단, 회사에 대한 매수청구는 회사가 직접 다음 각 호 사유

발생에 책임이 있는 경우에 한하여 가능한 것으로 한다.

1. 본건 신주인수계약 제5조 및 별첨3. 회사 및 이해관계인의 진술 및 보장이 중대한 측면에서 허위이거나 부정확하였고 그러한 허위 또는 부정확성이 투자자의 회사에 대한 투자 여부나 투자 조건에 관한 의사결정에 영향을 미칠 수 있는 수준이라는 것이 객관적으로 밝혀진 경우

2. 이해관계인이 본 계약 제3조를 위반하여 주식을 처분한 경우

3. 본 계약 제6조 사업 및 기술의 이전 양도 및 경업금지 규정을 위반한 경우

4. 본 계약 제7조를 위반하여 투자자의 동의 또는 협의 없이 각 호 사항을 진행한 경우

5. 본 계약 제8조 보고 및 자료제출의무를 위반하여 투자자의 시정 조치 요구에도 불구하고 2회 이상 이를 시정하지 않은 경우

6. 본 계약 제10조, 제11조에 따른 회계 및 업무감사 협조 또는 시정조치 의무를 위반하고 투자자의 시정 조치 요구에도 불구하고 이를 시정하지 않은 경우

7. 본건 신주인수계약 제9조 투자금 사용용도 제한 규정을 중대하게 위반하고 투자자의 시정 조치 요구에도 불구하고 이를 시정하지 않은 경우

8. 거래종결일 이후 상법 또는 자본시장과 금융투자업에 관한 법률 등 회사와 관련된 사항으로 (i) 회사가 영업에 중대한 부정적 영향을 주는 행정처분을 받거나 (ii) 이해관계인이 금고 이상의 유죄판결(확정을 요하지 않음)을 받는 경우

9. 회사와 이해관계인 또는 이해관계인 상호간 분쟁 등으로 더 이상 영업을 계속하기 곤란한 경우

(2) 전 항의 주식매매대금을 당사자 사이에 합의가 되지 않는 경우 다음 각 호 중 높은 금액으로 한다. 단 본건 종류주식 발행일부터 주식매매 대금 지급일까지 지급된 배당금이 있는 경우 이를 차감하기로 한다.

1. 주식인수 당시의 1주당 발행가액 및 이에 대한 주금납입기일 다음 날부터 주식매매 대금 지급일까지 연복리 15% 이율에 의한 금액의 합계액

2. 주식매수청구일을 기준으로 과거 1년간 있었던 회사 발행 주식의 거래(특수관계인들간의 거래는 제외) 중 가장 높은 매매대금

3. 당사자 사이에 합의한 주식가치 평가기관에 의하여 평가된 1주당 본질가치(여기서 "본질가치"라 함은 증권의 발행 및 공시 등에 관한 규정 시행세칙 제5조 내지 제8조의 분석기준에 의하여 평가된 주식의 가치를 말하고, 본질가치의 산정은 당사자의 합의에 의하여 지정된

국내 상위 5개 회계법인 중 2개에 의하여 산출된 2가지 평가액수의 산술평균으로 한다.)

(3) 본 조의 주식매수청구는 매수청구 대상주식의 종류 및 수, 거래예정일을 기재한 서면으로 하며 주식매수청구 서면이 회사 또는 이해관계인에게 도달한 때 주식매매계약이 체결된 것으로 본다.

이 조항에서 볼 수 있듯, 제12조 제1항에 규정된 사유가 발생하면 투자자는 이해관계인을 상대로(경우에 따라서는 회사에게도) 자신이 보유한 투자대상회사의 주식을 제2항에 규정된 가격에 매수해줄 것을 법적으로 청구할 수 있는 권리를 갖게 됩니다. 여기서 말하는 '이해관계인'은 앞서 설명드린 대로 회사의 대주주를 의미하며, MGK의 경우 창업자 상훈이 이에 해당됩니다.

조항의 길이도 길지만, 내용을 찬찬히 읽어보면 창업자 입장에서는 마음이 무거워질 수밖에 없습니다. '투자자의 돈'이 왜 무섭다고 하는지, 그 말의 의미를 창업자가 아주 구체적으로 실감하게 되는 지점입니다.

2022년 선고된 대법원 판결(대법원 2022. 7. 14. 선고 2019

다271661 판결)은 주식매수청구권의 존재 이유에 대해 다음과 같이 설명하고 있습니다.

> "주주 간 계약에서 정하는 의무는 의무자가 불이행하더라도 강제집행이 곤란하거나 그로 인한 손해액을 주장·증명하기 어려울 수 있는데, 이때 주식매수청구권 약정이 있으면 투자자는 주식매수청구권을 행사하여 상대방으로부터 미리 약정된 매매대금을 지급받음으로써 상대방의 의무불이행에 대해 용이하게 권리를 행사하여 투자원금을 회수하거나 수익을 실현할 수 있게 된다."

주식매수청구권의 존재 이유가 이렇게 분명하니, 창업자가 협상 과정에서 이 조항 자체에 강하게 반발하기는 쉽지 않습니다. 그렇다고 해서 투자자가 제시한 주식매수청구권 조항을 아무런 검토 없이 그대로 수용해야 한다는 뜻은 결코 아닙니다.

예를 들어 주식매수청구권의 발생 사유가 지나치게 모호하거나 그 판단을 투자자에게 일방적으로 맡긴 문구가 포함되어 있다면, 이 조항은 창업자에게 치명적인 '독소 조항'이 될 수 있습니다. 따라서 이런 조항이 발견된다면 반드시 투자자에게 삭제하거나 수정하도록 요구하고, 끝까지 협상을 통해 관철하는 것이 중요합니다.

여기에서 주식매수청구권 조항과 관련해 창업자가 특히 유의해야 할 사항이 하나 더 있습니다. 일부 투자계약서에서는 주식매수청구권의 발생 사유 중 하나로 다음과 같은 내용을 포함하고 있기도 합니다.

'회사가 발행한 어음이나 당좌수표가 부도처리된 경우나 회사에 대하여 파산신청이나 기업회생신청이 있는 경우'

이 조항이 담고 있는 의미는 무엇일까요? 창업자는 과연 이 문구를 수용해야 할까요? 이러한 주식매수청구권 조항은 가장 전형적인 '투자자 갑질'에 해당합니다. 회사가 위기에 처했을 때, 투자자가 이 조항을 근거로 주식매수청구권을 행사하면 결국 투자원금과 수익을 창업자의 개인 재산으로부터 회수하겠다는 뜻이 되기 때문입니다.

리스크가 없는 사업은 없습니다. 창업자가 아무리 최선을 다해 회사를 운영해도 회사는 망할 수 있습니다. 그런데 회사가 잘되면 열매를 함께 나누고 회사가 망하면 창업자 개인에게 책임을 묻겠다는 태도는, 더 이상 공동의 주주가 아니라 일방적인 채권자로 행동하겠다는 선언과 다르지 않습니다.

이런 투자자로부터 투자를 받는 것이 과연 창업자의 입장에서 현명한 선택일까요?

물론 이 책 서두에서 말씀드렸던 것처럼, '투자자의 돈'은 창업자와 그가 세운 회사에 있어 혈액과 같은 존재입니다. 하지만 혈액에 독소가 섞이면 몸이 병들고 결국 사망에 이르게 되는 것처럼, 계약서에 치명적인 독소 조항이 들어 있는 투자금은 회사를 병들게 하고 결국 파국으로 이끌 수 있습니다.

저는 변호사로서 창업자에게 투자 계약을 자문할 때마다, 이 조항의 삭제를 끝까지 거부하는 투자자라면 절대 투자를 받지 말라고 조언해왔습니다. 실제로 제가 직접 창업자로서 투자 협상을 할 때에도 마찬가지였습니다.

당시 협상 테이블에서 제가 이 조항의 삭제를 요구했을 때, 투자자는 이렇게 말했습니다.

투자자

이 조항은 우리 회사에서 늘 관행적으로 넣는 것뿐이에요. 설령 창업자가 열심히 했는데 회사가 망했다면, 저희가 굳이 이런 권리를 행사하겠습니까? 아직까지 그런 적은 한 번도 없었습니다.

이런 말은 절대 믿어서는 안 됩니다. 상당수의 투자회사에서 투자 실행을 담당하는 사람과 사후 관리를 담당하는 사람이 다르며, 같다고 하더라도 언제든지 교체될 수 있습니다. 회사의 정책과 운영 관행도 바뀔 수 있고요.

그래서 창업자는 "행사하지 않을 조항이라면 삭제해달라"라는 입장을 분명히 고수해야 합니다. 적어도 이 순간만큼은 상대에 대한 배려나 겸손은 잠시 접어두고, 자신이 세운 회사에 대한 책임감과 확신을 바탕으로 단호한 태도를 보여야 합니다. 그리고 이러한 태도는 오히려 투자자에게도 창업자의 결단력과 리더십에 대한 신뢰를 줄 수 있습니다.

○ □ ○

지금까지 살펴본 위약벌과 주식매수청구권은 창업자의 계약 위반으로부터 투자자를 보호하기 위한 중요한 장치입니다. 창업자는 투자자의 돈이 회사에 들어올 때 여러 가지 엄중한 법적 부담을 동반한다는 점을 반드시 기억해야 합니다. 그 부담이 구체적으로 명시된 문서가 바로 투자계약서이고, 이 계약서를 위반하면 창업자와 회사는 그에 상응하는 법적 책임을 지게 됩니다.

한편 투자자 역시 반드시 유념해야 할 점이 있습니다. 투자자는 창업자와 회사의 비전과 사업계획을 신뢰하기 때문에 투자를 결정하지만, 그 신뢰만으로는 충분하지 않습니다. 창업자와 회사의 계약 위반을 예방하고, 분쟁 발생 시 명확한 기준을 제시하기 위해서는 법적 보호장치를 투자계약서에 미리 마련해두는 것이 필요합니다. 이러한 장치는 단순히 투자자의 권리를 지키기 위한 수단을 넘어, 창업자와 투자자, 그리고 회사 간의 관계를 건강하고 안정적으로 유지하는 데에도 큰 역할을 합니다.

16장

"내 지분인데 왜 마음대로 팔 수 없지?"

우선매수권·동반매도청구권

투자자 영민이 MGK에 투자한 지 얼마 지나지 않아, 창업자 상훈이 본인의 주식을 제3자에게 넘기고 회사를 떠났다고 상상해봅시다. 영민의 기분이 어떨까요? 아마도 깊은 배신감에 휩싸일 겁니다. 그리고 투자자의 신뢰를 저버린 상훈에 대해 주변 지인들에게 극단적인 평가를 내리게 될 가능성도 큽니다.

이런 이야기를 들은 지인은 자연스럽게 투자계약서에 대해 물어볼 겁니다.

영민의 지인

투자계약서라면 주식 처분을 제한하는 조항이 들어가 있어야 할 텐데, 확인 안 하셨나요?

영민은 상훈을 믿었는데 배신을 당했다며 괘씸함을 토로합니다.

> 워낙 상훈 님을 믿고 투자했거든요. 계약서도 간단하게 했고요. 그런데 이렇게 나올 줄은 정말 몰랐네요.

영민

이 대답을 들은 지인은 혀를 끌끌 차면서 상훈을 탓할 수 없다는 걸 지적합니다.

> 투자계약서에 그런 조항이 없었다면, 그건 상훈 님이 영민 님을 배신한 게 아니에요. 계약상으로는 언제든지 주식을 처분할 수 있는 거니까요. 영민 님이 그런 조건을 받아들이고 투자한 거라면… 자업자득인 셈이죠.

영민의 지인

영민 입장에서는 지인의 말이 귀에 거슬릴 수 있지만, 틀린 주장은 아닙니다. 주식 처분 제한 조항 없이 계약을 체결한 투자자는, 창업자에게 무언가를 '기대'할 수는 있어도 '요구'할 법적 근거는 없습니다. 그런 계약 구조를 방치한 투자자는 '아마추어'에 가깝고, 계약서에 없는 내용을 문제 삼으며 창업자를 비난하는 것은 무리입니다. 투자자는 '프로'다워야 합니다.

○ □ ○

투자자는 보통 창업자가 일정 기간 동안 자신의 주식을 함부로 처분하지 못하도록 '처분제한기간'을 투자계약서에 명시해둡니다. 이 제한 기간은 계약마다 다르며, 일반적으로는 투자일로부터 3년, 5년, 7년 등 일정 기간을 확정해두는 방식이 가장 흔합니다.

특히 기관투자자의 경우에는 좀 더 엄격한 조건을 요구하기도 합니다. 예를 들어 '투자자가 이번 투자를 통해 취득한 주식을 모두 처분할 때까지'로 창업자의 주식 처분을 제한하는 식입니다. 이 경우에는 제한 기간이 명확한 연수가 아니라, 투자자의 엑싯Exit 여부와 연동되는 구조가 되는 것이죠.

이런 처분제한기간이 끝나면 창업자는 주식을 처분할 수 있게 되는데, 그 경우에도 자유롭게 처분할 수 있는 것은 아닙니다. 여전히 일부 제한이 남아 있습니다. 그 대표적인 것들이 우선매수권Right of First Refusal, ROFR 또는 Right of First Offer, ROFO과 동반매도청구권Tag-along Right입니다.

―우선매수권·동반매도청구권

우선매수권

우선매수권은 창업자가 자신이 보유한 회사 주식을 제3자에게 매각하려는 경우, 투자자가 그 제3자보다 우선적으로 해당 주식을 매수할 수 있도록 부여받는 권리입니다.

창업자가 투자자에게 이런 권리를 부여하는 이유는 무엇일까요? 사실 투자자의 입장에서는 누구와 함께 한 회사의 주주로 있게 되는지도 매우 중요한 고려 사항입니다. 창업자가 보유 주식을 매각해 최대주주가 바뀌게 된다면, 투자자 입장에서는 결코 가볍지 않은 변화가 생기는 것입니다.

경우에 따라 투자자는 제3자가 회사의 주인이 되는 것보다, 차라리 자신이 창업자의 지분을 인수해 직접 경영권을 행사하는 편이 낫다고 판단할 수 있습니다. 이런 상황에서 투자자에게 꼭 필요한 권리가 바로 우선매수권입니다.

다만 이 권리를 실제로 행사하는 데는 현실적인 제약이 따릅니다. 상당한 규모의 자금을 새로 투입해야 하고, 경영을 직접 책임져야 하는 부담이 뒤따르기 때문입니다. 특히 재무적 투자자의 경우라면 이런 부담은 더욱 큽니다. 그래서 우선매수권이 계약서에 포함되어 있다고 하더라도, 실제로 이를 행사하는 사례는 그리 많지 않습니다.[7]

동반매도청구권

이처럼 우선매수권은 투자자가 회사를 직접 운영하겠다는 결심이 서야만 실질적으로 의미가 있는 권리입니다. 그렇다면 회사를 직접 운영할 의사는 없지만 창업자의 주식이 제3자에게 넘어가는 상황에서는 어떤 권리가 필요할까요? 바로 동반매도청구권입니다. 투자 업계에서는 통상 'Tag-along'이라는 표현을 그대로 씁니다.

Tag-along은 창업자가 자신의 지분을 제3자에게 매각할 때, 투자자도 자신이 보유한 지분을 창업자와 같은 조건으로 함께 매각할 수 있도록 보장하는 권리입니다. 창업자가 주식을 팔고 회사를 떠나면, 그다음 회사의 경영을 책임질 사람은 창업자로부터 주식을 인수한 제3자입니다.

투자자는 새로운 최대주주가 누구인지, 어떤 방식으로 회사를 운영할지 알 수 없는 상황에서 불안해질 수밖에 없습니다. 이런 경우, 창업자와 함께 회사를 '떠날 수 있는' 권리가

7 물론 예외도 있습니다. 회사의 미래 가치를 높일 자신이 있거나, 회사의 잠재력을 알아본 제3자에게 유리한 조건으로 회사를 넘길 수 있다고 판단하는 경우라면, 투자자가 우선매수권을 행사하는 결정을 내릴 수도 있습니다.

바로 Tag-along입니다.

　Tag-along 조항에서 특히 주의 깊게 봐야 할 부분은 '창업자와 같은 조건으로' 주식을 매각할 수 있도록 한다는 점입니다. 이 표현은 MGK의 구조를 예로 들면 더 이해가 쉬울 것입니다.

　MGK의 지분은 상훈이 77%, 영민이 23%를 보유하고 있습니다. 숫자상으로는 주식 1주의 가치가 같아 보이지만, 실질적으로는 큰 차이가 존재합니다. 제3자가 상훈의 지분 77%를 인수하면 회사를 통제할 수 있는 경영권이 따라오지만, 영민이 가진 23%는 단지 소수지분에 불과합니다. 같은 주식이라도 경영권이 달린 주식과 그렇지 않은 주식의 가치는 다를 수밖에 없습니다. 이 차이를 '경영권 프리미엄Control Premium'이라고 부릅니다.

　경영권 프리미엄은 정해진 공식이 있는 것이 아니라, 회사의 재무 상태, 성장성, 경영 안정성, 보유 자산 등을 고려해 당사자 간 협상으로 결정됩니다. 때로는 통상적인 주식 가치의 몇 배에 이르는 프리미엄이 붙기도 합니다.

○ □ ○

　독자 여러분들의 이해를 돕기 위해 한 가지 예를 들어보겠습니다.

　2025년 2월 26일, 대명소노그룹은 티웨이홀딩스의 최대주주인 예림당 및 특수관계자가 보유한 지분 46.26%를 2500억 원에 인수하는 주식매매계약Share Purchase Agreement, SPA을 체결했습니다. 이 매매가격을 기준으로 티웨이홀딩스의 기업가치를 역산해보면, 거래 당사자들은 티웨이홀딩스의 전체 가치를 5000억 원 이상으로 평가한 셈입니다. 그러나 같은 날 기준으로 티웨이홀딩스의 시가총액은 800억 원 수준에 불과했습니다. 즉 시가 기준으로 46.26% 지분의 가치는 약 400억 원에 불과했지만, 실제 거래 가격은 2500억 원이었으니, 대명소노가 지급한 경영권 프리미엄 2100억 원은 무려 시가의 약 5배에 달한 셈입니다.

　이처럼 높은 경영권 프리미엄이 적용된 배경은 무엇일까요?

　티웨이홀딩스는 티웨이항공의 최대주주로서 지분 28.02%를 보유하고 있었고, 대명소노는 이미 티웨이항공 지분 26.77%를 보유한 2대 주주였습니다. 이후 대명소노가 티웨이홀딩스의 최대주주 지분을 인수함으로써, 간접적으로 티웨이항공의 지분 28.02% 지분도 함께 확보하게 되었습니다. 그 결과 대명소노는 티웨이항공의 지분 54.79%를 보유한 최대주주가 되며 경영권을 획득하게 된 것입니다.

    대명소노는 국내 1위의 리조트 기업으로, 당시 해외 리조트 및 호텔 인수를 통해 글로벌 진출을 가속화하고 있었고, 항공 자산을 확보함으로써 숙박, 레저, 항공을 결합한 시너지를 기대할 수 있었습니다. 이 점이 업계와 언론이 분석한 경영권 프리미엄의 핵심 배경입니다.

    이러한 이유로 예림당이 보유하고 있었던 티웨이홀딩스 최대주주 지분에는 단순한 지분 가치 외에 '티웨이항공의 주인 자격[8]이 갖는 경제적 가치'가 추가로 반영되었습니다. 매매 당사자인 예림당과 대명소노는 치열한 협상을 거쳐, 이 경영권 프리미엄을 시가의 약 5배 수준인 2100억 원 정도로 책정하고 수식매매계약을 체결한 것입니다.

---

[8] '티웨이홀딩스'의 주인 자격이 아니라 '티웨이항공'의 주인 자격이 갖는 경제적 가치임에 주목해주시기 바랍니다.

○ □ ○

이제 다시 MGK 이야기로 돌아가보겠습니다. 만약 MGK의 기업가치가 50억 원이라면, 상훈의 지분 가치는 얼마나 될까요? (계산을 쉽게 하기 위해, 창업자 상훈의 지분은 70%, 투자자 영민의 지분은 30%, 총 발행주식수는 10만 주로 가정하고, 그중 상훈은 7만 주, 영민은 3만 주를 보유한 것으로 가정하겠습니다.)

산술적으로 상훈의 지분 가치는 35억 원입니다(50억 원 × 70% = 35억 원). 하지만 상훈은 MGK의 70%를 보유한 최대주주이기 때문에, 이 지분에는 경영권 프리미엄이 더해집니다. 만약 경영권 프리미엄이 30%로 책정된다면, 상훈 지분의 매각가는 45억 5000만 원이 되는 것이죠(35억 원 × 130% = 45억 5000만 원).

주식 1주당 가격으로 계산해보면, 기업가치가 50억 원이고 총발행주식이 10만 주이므로 1주의 기본 가치는 5만 원입니다. 여기에 경영권 프리미엄을 더하면, 상훈이 가진 주식 1주의 가치는 6만 5000원이 되고, 반면 영민의 주식은 프리미엄 없이 5만 원으로 평가될 것입니다(5만 원 × 130% = 6만 5000원).

만약 Tag-along 조항이 없었다면, 상훈이 자신의 지분을 6만 5000원에 매각하더라도, 영민은 본인의 지분을 5만 원에 팔 수밖에 없었을 것입니다. 그것도 상훈의 지분을 인수하는 제3자가 영민의 주식을 함께 사겠다고 나설 경우에 한해서 말이죠.

이런 상황에서 Tag-along 조항의 진가가 발휘됩니다. 앞에서 설명드린 '창업자와 같은 조건으로'라는 점 때문에, 투자자인 영민은 상훈과 동일한 가격으로 주식을 매각할 수 있게 되는 것입니다.

이제 제가 자문했던 투자거래의 주주 간 계약서에 들어간 Tag-along 조항을 보겠습니다.

> 이해관계인이 자신이 보유하는 회사 주식의 전부 또는 일부를 제3자에게 매각, 양도, 증여 등 처분하고자 하는 경우, 이해관계인은 당해 처분행위를 위한 계약체결 예정일로부터 30일 이전까지, 당해 처분행위의 구체적인 조건(매각의 경우에는 처분희망 주식수, 상대방, 주당 매매대금, 계약체결 예정일, 매매대금 지급 예정일을 포함한 주요한 계약 조건을 의미한다)을 투자자에게 통지하여야 한다.
> 투자자 측은 당해 통지를 받은 날로부터 30일 이내에, 이해관계인 보유 주식의 처분 조건과 동일한 조건으로 투

> 자자 측이 보유한 회사 주식의 전부 또는 일부를 이해관계인 보유 주식과 함께 제3자에게 매각할 것을 요구할 권리(이하 "동반매도권")를 보유한다. 이해관계인은 본 조에 따른 제한을 모두 준수하지 않는 한 보유 주식을 처분할 수 없다.
> 투자자 측이 위 30일 기간 내에 동반매도권 행사통지를 하지 않은 경우 본 조에 따른 권리를 포기한 것으로 본다.

그러면 영민이 이런 조항에 따라서 Tag-along을 행사했을 때 상훈과 영민, 그리고 매수인인 수연 간의 거래가 어떻게 되는지 볼까요? 수연은 앞서 경쟁사 대표로 등장했던 인물로, 평소에도 Magic Glove 사업에 꾸준히 관심을 보여왔습니다.

창업자 상훈은 자신이 보유한 MGK 주식 7만 주를 수연에게 매각하기로 했습니다. 거래가격은 주당 5만 원의 산술적 가치에 경영권 프리미엄 1만 5000원이 더해진 주당 6만 5000원입니다.

그런데 투자자 영민이 Tag-along을 행사하게 되면, 상황은 조금 달라집니다. 수연이 매수하기로 한 총 7만 주 중 일부는 상훈의 몫이 아닌 영민의 주식으로 대체되어야 하기 때문입니다. 정확히는 수연이 인수하는 7만 주 중 상훈은 자신의 지분 70%에 해당하는 4만 9000주만 매도할 수 있고, 나머지 2만 1000주는 영민이 보유한 주식 중에서 수연에게 매각하게 됩니다.[9]

그리고 여기서 중요한 포인트는, 투자자 영민이 매각하는 주식의 가격 역시 상훈과 동일하게 주당 6만 5000원으로 책정된다는 점입니다. Tag-along 조항 덕분에 영민은 이 조항이 없었다면 받을 수 없었을 경영권 프리미엄까지 반영된 가격으로 주식을 매각할 수 있게 된 것입니다. 결과적으로 주당 5만 원짜리 주식을 30% 비싼 6만 5000원에 매도하는 셈입니다.

결국 Tag-along 조항은 창업자 상훈의 지분에 붙어 있는 경영권 프리미엄을 투자자 영민이 함께 누릴 수 있도록 해주는 기능을 합니다. 그리고 이 경영권 프리미엄의 공유는 투자자의 주식매도가격을 상승시킴으로써 투자자의 투자수익을 높여준다는 측면에서 Tag-along의 가장 핵심적인 기능이

---

[9] 수연이 매수하기로 결정한 주식은 7만 주입니다. 따라서 영민이 Tag-along을 행사하여 상훈과 함께 주식을 매도하더라도, 7만 주에 영민이 매도하려고 하는 주식수가 추가되는 것이 아니라 수연이 매수하는 7만 주의 구성만이 변경되는 것입니다.

라 할 수 있습니다.

다만 Tag-along이 행사되는 경우에도 모든 주식 매각 거래가 순조롭게 진행되는 것은 아닙니다. 매수인 입장에서 거래 구조가 복잡해졌다고 느껴 Tag-along이 반영된 거래 자체를 부담스러워하거나 거절하는 경우도 발생할 수 있습니다.

수연

> 제가 70% 지분을 매수하기로 했지만, 그 지분을 상훈 님과 영민 님의 주식을 섞어서 매수하게 되면 두 분이 모두 주주로 남게 되니, 회사 운영에 있어서 신경 쓸 부분이 많아질 것 같습니다. 이런 구조라면 저는 매수를 진행하지 않겠습니다.

그렇다면 이럴 경우 상훈은 매수인인 수연이 Tag-along 조건을 거부했으니 어쩔 수 없다고 주장하면서, 자신의 주식만 따로 매도하겠다고 할 수 있을까요?

상훈

> 영민 님, 저는 Tag-along 조항을 준수하려고 했지만 수연 님이 그런 방식은 원치 않는다고 하시니 어쩔 수 없습니다. 이번엔 제 주식만 매도하는 것으로 하겠습니다.

만약 상훈이 수연에게 자신의 주식만 단독으로 매도한다면, 이는 명백한 Tag-along 조항 위반이 됩니다. Tag-along 조항은 단순히 노력 의무를 규정한 것이 아니라, 창업자가 자신의 주식을 제3자에게 매각할 때 투자자도 같은 조건으로 매도할 수 있도록 해야 한다는 의무를 명시한 것입니다.

따라서 매수인이 Tag-along 조건의 거래 구조를 받아들이지 않으면, 상훈은 주식 매각 자체를 보류할 수밖에 없습니다. 이 경우 새로운 매수인을 찾거나 수연과 매매 조건을 다시 협상해야 합니다.

사실 상훈은 수연과의 주식매매 협상을 시작할 때, Tag-along 권리를 가진 투자자가 있다는 사실을 미리 밝혔어야 합니다. 그리고 상훈이 자신이 보유한 지분 전부를 매각할 의사가 있었다면, 애초부터 수연과 100% 지분 매매를 전제로 협상했어야 맞습니다.

이처럼 중요한 정보를 공유하지 않거나 협상의 구조를 명확히 하지 않으면 문제가 생길 수 있습니다. 그 결과, 거래 막판에 수연의 반대에 부딪혀 주식매매가 무산된다면, 그 책임은 전적으로 창업자인 상훈에게 있습니다.

그렇다면 상훈은 어떻게 해야 할까요? 70% 전부를 매각하려면, 현 시점에서 아직 시도해볼 수 있는 몇 가지 대안이 있습니다.

우선 수연에게 70% 지분을, Tag-along 조항에 따라 상훈 49%, 영민 21% 비율로 섞어 매각합니다. 그리고 이후 상훈은 자신이 보유한 남은 21% 지분을 주당 6만 5000원보다 낮은 가격(이를테면 경영권 프리미엄이 빠진 5만 원이나 그보다 낮은 금액)으로 수연에게 다시 매각하는 것을 제안할 수 있습니다. 단 이 방식은 수연이 추가 자금 투입에 동의할 경우에만 가능하겠죠.

그런데 이때도 영민은 다시 Tag-along을 행사할 수 있습니다. 따라서 상훈이 보유한 21% 전부를 매각하려면, 영민이 Tag-along을 행사하지 않을 정도로 충분히 낮은 가격에 수연에게 매각해야 합니다.

또 하나의 방법은, Tag-along 행사로 영민이 얻을 수 있

—우선매수권·동반매도청구권

었던 경영권 프리미엄을 상훈이 현금으로 보상하는 조건으로 Tag-along 포기를 제안하는 것입니다.

예를 들어 영민이 보유한 2만 1000주에 대해 주당 1만 5000원의 경영권 프리미엄이 붙는다면, 총액은 3억 3000만 원입니다(2만 1000주 × 1만 5000원 = 3억 3000만 원). 이 금액을 상훈이 영민에게 현금으로 보상하고, 영민은 MGK의 주식을 그대로 보유하는 방식입니다.

특히 수연이 MGK의 사업 분야를 잘 이해하고, 장기적으로 회사를 성장시킬 수 있는 역량이 있다고 판단된다면, 영민에게도 충분히 매력적인 선택지가 될 수 있습니다. 투자원금보다 더 많은 금액을 회수하면서 주식도 그대로 보유하게 되니까요.

이 외에도 다양한 해법이 있을 수 있겠지만, Tag-along 조항으로 인한 주식 매각의 문제는 어디까지나 창업자인 상훈의 책임이라는 점을 잊어서는 안 됩니다. 따라서 이로 인해 발생하는 비용과 불이익은 온전히 상훈이 감수해야 할 몫입니다.

이제 앞서 매수인이 Tag-along 조건을 받아들이지 않았다는 이유로 자신만 주식을 팔겠다고 했던 상훈의 말을 떠올려봅시다. 이는 사실상 Tag-along 조항에서 발생한 문제를 자신이 아닌 투자자에게 전가하는 매우 일방적이고 부당한 제안입니다. 영민이 이 제안에 동의할 가능성은 사실상 0%입니다.

―우선매수권·동반매도청구권

17장

"이익이 났으면 배당을 받아야죠"

배당의무조항

투자자가 기업에 투자를 하는 이유는 무엇일까요?

창업자를 도와주기 위해서?

돈은 많은데 쓸 곳이 없어서?

절대 그렇지 않습니다. 투자자는 어디까지나 투자에 대한 수익을 거두기 위해 투자를 하는 것입니다. 특히 영민과 같은 재무적 투자자는 더욱 그렇습니다.

그렇다면 투자자는 창업 초기 기업에 투자하면서 어떤 형태의 수익을 기대할까요? 단순히 한마디로 정의하기 어렵습니다. 투자 대상이 되는 회사의 성격에 따라 기대하는 수익의 형태도 달라지기 때문입니다.

투자수익은 크게 두 가지 유형으로 나눌 수 있습니다. 하나는 기업이 상장하거나 M&A를 통해 투자자가 보유한 주식을 매각하고 그 차익을 실현하는 방식이고, 다른 하나는 기업이 정기적으로 배당을 실시할 경우 배당금을 통해 수익을 실현하는 방식입니다.

○ □ ◇

그렇다면 MGK에 투자하려는 영민은 어떤 수익을 기대하고 있을까요? 상훈이 추진 중인 사업은, 스웨덴에서 개발된 Magic Glove라는 장갑을 독점 수입하여 판매하는 것입니다. 상훈은 창업 5년 후까지 매출 연 100억 원, 당기순이익 연 15억 원을 목표로 하고 있습니다.

그런데 과연 MGK가 상장을 할 수 있을까요? 현 시점에서는 가능성이 낮아 보입니다. 물론 몇 가지 아이템을 추가해 매출과 이익을 늘려갈 수는 있겠지만, 상장 요건을 충족하는 수준으로 성장하기는 어려울 수 있습니다.

다만 상훈이 영민에게 투자를 권유하면서 제시한 사업계획서에 따르면, 창업 후 5년 남짓이 지난 시점에 새로운 매출 및 수익원이 필요한 기존 의류·잡화 기업이 MGK를 인수하려 할 가능성이 있다고 합니다. 이런 맥락에서 보면, 상장보다는 M&A를 통한 지분 매각이 현실적인 회수 전략이 될 수 있습니다.

그러나 M&A가 성사되려면 몇 가지 전제 조건이 필요합니다. 상훈이 회사를 매각하려는 의사가 있어야 하고, 인수 주체나 인수가격에 관한 협의도 원활하게 이루어져야 합니다. 이러한 불확실성을 고려하면, 영민이 M&A를 주된 수익 모델로 두고 MGK에 투자했을 가능성은 낮습니다.

영민은 MGK의 지분을 취득하여, 자신의 지분율인 23%에 해당하는 배당금을 정기적으로 수령하는 것을 1차적인 목표로 삼았을 가능성이 높습니다. 예를 들어 MGK의 배당 가능 이익이 2억 원만 되어도, 이를 전액 배당할 경우 4600만 원의 배당금을 수령하게 됩니다. 이는 3억 원의 투자금 대비 약 15% 이상의 배당수익률에 해당하는 금액입니다.

그런데 회사에 이익이 났다고 해서 그것이 곧바로 현금배당으로 이어지는 것은 아닙니다. 회사가 보유 현금을 늘리고 사업 확장에 자금을 우선 투입하길 원한다면, 이익이 나더라도 배당을 하지 않을 수 있기 때문입니다.

예를 들어 창업 2년 차인 2026년에 MGK가 4억 원의 당기순이익을 기록했다고 가정해봅시다. 이로 인해 창업 첫해인 2025년에 발생한 2억 원의 손실을 상쇄하고도 2억 원의 배당가능이익이 남는 상황입니다.

영민은 큰 기쁨과 기대를 안고 상훈에게 이렇게 묻습니다.

영민

드디어 이익이 나기 시작해서 정말 기쁘네요. 배당가능이익이 2억 원이던데 배당금은 언제 받아볼 수 있을까요?

하지만 영민은 예상치 못한 답변을 듣게 됩니다.

상훈

이익이 나긴 했지만 배당은 당분간 하지 않으려 합니다. 회사에 충분한 현금이 있어야 좋은 인재도 뽑고 사업도 본격적으로 확장할 수 있거든요. 적어도 회사에 현금이 20억 원 정도는 모여야 배당을 고려할 수 있을 것 같습니다.

그리고 상훈은 한 걸음 더 나아가 말을 덧붙입니다.

상훈

그리고 이제 저도 정식 연봉을 받으려 합니다. 그동안은 창업 초기라 급여를 최소한으로만 받고 있었거든요. 이

> 제는 회사 명의로 업무용 차량도 하나
> 구매할 시점인 것 같고요.

이런 상훈의 말을 들은 영민은 당혹감을 감추기 어려웠을 것입니다. 상법상 배당 여부는 이사회와 주주총회의 의결을 통해 결정되는 사안이고, MGK의 경우 이사회와 주주총회 모두에서 과반수 의결권을 보유하고 있는 창업자 상훈이 배당 의사결정을 전적으로 주도할 수 있는 구조입니다.

따라서 투자계약서에 배당과 관련한 어떤 조항도 미리 넣어두지 않았다면, 투자자 영민은 MGK의 배당정책에 대해 사실상 아무런 법적 영향력을 행사할 수 없습니다. 재무적 투자자인 영민의 입장에서 보면, 이는 매우 치명적인 실수인 셈입니다.

영민이 배당이 아닌 상장이나 회사 매각을 통한 주식양도차익을 목표로 MGK에 투자한 것이 아닌 이상, 상훈의 결정에 공감할 여지가 없을 것입니다. 그러니 영민이 배당수익을 1차적인 투자 목표로 삼았다는 전제하에, 지금의 상황은 매우 곤혹스러울 수밖에 없습니다. 창업자만을 위한 잔치가 회사에서 벌어지고, 정작 투자자는 그 자리에 초대조차 받지 못한 셈이니까요.

　이러한 상황을 막으려면 어떻게 해야 할까요? 가장 대표적인 방법은 투자계약서에 '배당의무조항'을 두는 것입니다. 투자계약서에는 거의 예외 없이 '투자 이후의 확약Covenant'이라는 조항에 들어가는데, 이는 투자자의 투자금 납입 이후에 회사와 창업자가 투자자에게 지켜야 할 약속들을 명문화한 조항입니다. 이 조항에 배당가능이익의 일정 비율 이상을 주주에게 반드시 배당해야 한다는 의무를 규정해두는 것이죠.

　예를 들어 영민이 체결한 투자계약서에 의무배당비율을 70%로 정한 조항이 포함되어 있다면, MGK가 배당가능이익 2억 원을 기록한 해에는 그 중 70%인 1억 4000만 원을 주주에게 배당해야 합니다. 물론 이 금액 전체가 영민에게 지급되는 것은 아니고, 배당 권리가 있는 모든 주주에게 지분율에 따라 분배됩니다. MGK에서 23%의 지분을 보유한 영민은 1억 4000만 원의 23%인 약 3220만 원의 배당을 받게 되는 것이죠. 이는 영민의 투자금 3억 원 대비 10%가 넘는 수익률이므로 투자자로서도 꽤 만족스러운 수익일 수 있습니다.

　다만 창업자의 입장에서 보면 의무배당비율이 너무 높을 경우 문제가 생길 수 있습니다. 배당으로 인해 회사에 재투자할 여력이 줄어들고, 경기 악화나 손실 가능성에 대비해 확보해둬야 할 유보금을 충분히 쌓기 어렵기 때문입니다. 따라서 창업자는 이런 점들을 종합적으로 고려하여 투자자와 창업자 모두에게 합리적인 의무배당비율을 제시할 수 있도록 사전에 충분한 설명을 준비해두는 것이 중요합니다.

18장

계약서의 한 문장이 모든 것을 바꾼다

중대한 부정적 변화(MAC)

지금까지 우리는 창업자 상훈과 투자자 영민 간에 이루어진 투자 계약의 전 과정을 살펴봤습니다. 상훈이 어색하게 MGK 투자 이야기를 꺼낸 것을 시작으로, 두 사람은 쉽지 않은 협상 과정을 차근차근 밟아왔습니다. 이들은 투자 조건이 담긴 주식인수계약은 물론, 투자 이후 MGK의 운영에 관한 주주 간 계약까지 조율했습니다. MOU 체결 이후에는 MGK의 영업 및 재무 상태, 잠재적 리스크를 실사를 통해 점검하는 한편, 주식인수계약서와 주주 간 계약서의 각 조항에 대한 협상도 마무리했습니다.

이제 남은 단계는 주식인수계약과 주주 간 계약의 체결, 그리고 계약서에 명시된 선행조건들을 창업자 상훈과 MGK가 충족했음을 투자자 영민이 확인하는 일입니다. 이후 MGK는 주식인수계약에 따라 영민에게 RCPS를 발행하고, 영민은 이에 대한 인수대금 3억 원을 납입해야 합니다.[10]

하지만 주식인수계약이나 주식매매계약이 언제나 무리 없이 거래종결로 이어지는 것은 아닙니다. 이번 장에서는 투자 계약이 체결된 이후 거래종결에 이르지 못하게 되는 대표적인 사유인 '선행조건 미충족'에 대해 살펴보겠습니다. 그중에서도 가장 대표적인 예인 '중대한 부정적 변화Material Adverse Change, MAC'의 발생 사례를 중심으로 마지막 장을 마무리하겠습니다.

먼저 앞서 진술 및 보증 조항에서 언급했던 중고 기타 사례로 돌아가보겠습니다. 3월 31일, 판매자와 구매자가 중고 기타를 10만 원에 매매하는 계약을 체결하며, 다음 날인 4월 1일 오후 2시에 강남역 1번 출구 앞에서 직거래를 하기로 약속했다고 가정해보겠습니다. 구매자는 계약금으로 기타 가격의 10%인 1만 원을 미리 송금했습니다. 단순한 개인 간 거래이긴 하지만, 이 계약에도 '계약일과 거래종결일[10] 사이에 기타에 중대한 부정적 변화가 없을 것'을 거래종결의 선행조건으로 명시해두었습니다.

그런데 판매자는 3월 31일 밤, 정들었던 기타와의 작별을 아쉬워하며 마지막 연주를 시도하던 중 기타를 실수로 떨어뜨려 측면에 10cm짜리 큰 스크래치를 내고 말았습니다. 다음 날 오후 2시, 직거래 현장에서 판매자는 구매자에게 이

---

10 이것을 '거래종결'이라 부른다는 것은 앞서 말씀드렸습니다.

상처를 보여주며 전날 밤 있었던 일을 설명합니다.

그다음 상황은 어떻게 전개될까요? 구매자는 판매자에게 정중히 계약금 반환을 요청합니다.

구매자

> 계약체결 당시에는 없었던 커다란 스크래치가 생겼으니, 이는 '중대한 부정적 변화'에 해당합니다. 따라서 '기타에 중대한 부정적 변화가 없을 것'이라는 선행조건이 충족되지 않았으므로, 저는 이 기타를 구입하지 않겠습니다. 어제 보냈던 계약금 1만 원은 반환해주시기 바랍니다.

판매자가 이 요청을 받아들여 계약금을 돌려주었다면, 이 거래는 자연스럽게 '없던 일'이 됩니다. 하지만 판매자가 스크래치가 중대한 하자가 아니라는 이유로 계약금 반환에 동의하지 않을 수도 있습니다.

—중대한 부정적 변화(MAC)

판매자

> 스크래치가 생긴 뒤에도 기타 소리는 전혀 달라지지 않았습니다. 신품도 아니고 중고 기타에 이 정도 흠집은 흔한 일입니다. 물론 '부정적' 변화는 맞지만 '중대한' 변화라고 보기는 어렵습니다. 따라서 계약은 유효하며, 구매자님은 기타를 구입하셔야 합니다. 대신 수리비 3만 원은 제가 부담하겠습니다. 그런데도 기타 구매를 거부하신다면 계약금은 돌려드릴 수 없습니다.

    이처럼 구매자와 판매자 모두 측면의 10cm짜리 스크래치가 '부정적 변화Adverse Change'임에는 동의하지만, 그 변화가 '중대한Material' 것인지를 두고는 의견이 갈립니다.

    과연 어떤 변화가 '중대한 부정적 변화'에 해당할까요? 아무래도 판단하기 쉽지 않겠죠. 물론 계약체결 당시 MAC의 범위와 예시를 계약서에 보다 명확히 규정해두면 분쟁의 소지를 줄일 수 있습니다. 그러나 모든 가능성을 사전에 문서로 정리하는 데에는 한계가 있기 마련입니다.

    결국 판매자와 구매자가 각자의 주장을 굽히지 않는다

면, 이 문제는 법적 분쟁으로 이어질 수밖에 없습니다. 구매자는 판매자를 상대로 계약금 1만 원을 반환해달라는 소송을 법원에 제기하게 될 것입니다.

○ □ ◇

규모를 키워서 다시 생각해보면 어떨까요? 반환을 요구한 금액이 고작 1만 원이라, 별로 가슴에 와닿지 않을 수도 있습니다. 그렇다면 이 거래금액에 2500만을 곱해 보겠습니다. 거래금액은 2조 5000억 원으로 커지고, 계약금은 2500억 원이 됩니다. 거래 대상 물건도 중고 기타가 아니라 아시아나항공의 주식으로 바꿔보겠습니다.

이 사례는 실제로 2019년 12월에 체결된 금호건설(이하 금호)과 HDC현대산업개발 컨소시엄(이하 HDC) 간의 아시아나항공 매각 거래입니다. 이 계약에서 금호는 보유 중인 아시아나항공 구주 6868만 8063주(지분율 30.77%)를 3228억 원에 매각하고, HDC는 아시아나항공의 유상증자에 참여해 2조 1772억 원 규모의 신주를 인수하기로 했습니다. 두 거래를 합친 총 거래금액은 2조 5000억 원, 계약금은 거래금액의 10%인 2500억 원이었습니다.

―중대한 부정적 변화(MAC)

하지만 계약체결 직후 코로나19 팬데믹이 발생하면서 아시아나항공을 포함한 항공업계가 전반적으로 심각한 위기에 빠졌고, HDC는 거래종결을 거부하게 됩니다. 결국 금호와 아시아나항공은 HDC가 계약상 모든 선행조건이 충족되었음에도 거래종결 의무를 이행하지 않았다고 판단해, 2020년 9월 11일 계약 해지를 공식 통보했고 계약은 최종 무산되었습니다.

이후 계약금 2500억 원의 반환 여부를 둘러싸고 금호와 HDC 간에 법적 분쟁이 벌어졌습니다. 이 소송에서 가장 중요한 쟁점은 금호의 계약 해지가 적법했는지 여부였습니다. 만약 금호의 계약 해지가 부당하다면, 계약금 2500억 원은 HDC에 반환되어야 합니다. 하지만 금호의 계약 해지가 정당하다고 판단된다면, HDC는 계약상 의무를 위반한 것이 되어, 계약금은 위약벌로 금호에 귀속되고 반환할 필요가 없게 되는 것입니다.

여러분이 HDC의 입장이라면 어떤 주장을 펼칠 수 있을까요?

> **HDC**
>
> 계약체결 이후 코로나19의 확산은 아시아나항공에 '중대한 부정적 영향'을 미쳤습니다.[11] 이는 '계약 체결일로부터 거래 종결일까지 중대한 부정적 영향이 발생하지 않을 것'이라는 선행조건이 충족되지 않았음을 의미합니다. 따라서 HDC는 아시아나항공 주식을 인수할 의무가 없고, 금호의 계약 해지는 부당합니다. 계약을 위반한 쪽은 금호이며, 따라서 계약금 2500억 원은 저희 HDC 측에 반환되어야 합니다.

충분히 설득력 있는 주장처럼 보입니다. 그러나 실제 결과는 달랐습니다. 법원은 HDC의 주장을 받아들이지 않았고, 결국 HDC는 계약금 2500억 원을 몰수당했습니다. 이 판결에서 핵심이 된 것은 계약서의 단 두 줄짜리 문구였습니다.

[11] 이 용어는 '중대한 부정적 변화'라고 하기도 하고 '중대한 부정적 영향 Material Adverse Effect'이라고 하기도 합니다. 다만 금호와 HDC 간 계약서에서는 '중대한 부정적 영향'이라는 용어를 사용하고 있으므로 이 장에서는 동일한 용어를 따르겠습니다.

—중대한 부정적 변화(MAC)

"아시아나항공 및 그 자회사의 사업, 자산, 부채, 기업가치, 재무상태 또는 영업상태에 중대한 부정적 영향 또는 변경을 가져오거나 가져올 것으로 합리적으로 예상되는 일체의 사건, 사유, 사정 등"

이 문구만을 보면 코로나19 팬데믹은 분명히 '중대한 부정적 영향'에 해당될 수 있어 보입니다. 그런데 법원이 금호 측의 손을 들어준 결정적 이유는 바로 그 뒤에 추가된 단서 조항이었습니다.

"단, 천재지변으로 인하여 발생된 중대한 부정적 영향은 예외로 한다."

법원은 코로나19 팬데믹이 '천재지변'에 해당한다고 판단했고, 따라서 HDC는 중대한 부정적 영향의 발생을 이유로 계약의 이행을 거부할 수는 없다고 보았습니다. 결과적으로 HDC가 계약을 이행하지 않은 것은 계약 위반으로 간주되었고, 계약금 2500억 원은 금호에 귀속되었습니다.

이 판결이 우리에게 주는 교훈은 "천재지변은 중대한 부정적 변화가 아니구나"가 아닙니다. "계약서의 문구 하나가

수천억 원 분쟁의 결과를 바꿀 수 있다"라는 사실을 깨달아야 합니다. 만약 금호 측이 위와 같은 단서 조항을 계약서에 포함시키지 않았더라면, 금호는 계약 해지의 정당성을 인정받지 못했을 것이고, 결과적으로 HDC에게 2500억 원의 계약금을 돌려주어야 했을지도 모릅니다. 이처럼 계약서 문구 하나하나는 회사 운영에 결정적 영향을 미칩니다.

여기까지 따라온 독자 여러분이라면 이제 알 수 있을 것입니다. 창업이든 투자든, 아니 어떤 계약이든, 그 끝에는 결국 문구와 문구 사이의 싸움이 기다리고 있다는 것을. 그러니 앞으로 어떤 계약서를 마주하든, 그 안의 단어 하나, 표현 하나가 여러분과 여러분의 회사를 지켜줄 유일한 방패가 될 수도 있다는 사실을 잊지 마시길 바랍니다.

에필로그

새의 날개를
받쳐주는 일

세상에는 오늘도 수많은 기업이 탄생하고, 투자자들은 그 여정에 함께하며 창업자들의 꿈을 현실로 만드는 데 기여하고 있습니다.

투자자의 돈은 투자자의 계좌에 있을 때에는 그저 숫자에 불과합니다. 하지만 그 돈이 투자를 통해서 기업의 계좌로 자리를 옮겨가는 순간, 마치 혈액처럼 기업을 살아 움직이게 합니다.

창업자와 투자대상회사, 그리고 투자자를 이어주는 연결고리는 바로 투자자의 돈입니다. 겉보기에 단순한 한 번의 계좌이체를 성사시키기 위해, 창업자는 회사의 가치를 설득할 수 있는 소개자료와 사업계획서를 만들고, 투자자는 그 거래가 수익성과 안정성을 동시에 담보할 수 있을지를 검토합니다. 그렇게 양측은 각자의 논리와 기준을 바탕으로 투자 조건을 조율하며 치열하게 협상을 이어갑니다.

제가 즐겨 부르는 〈Wind Beneath My Wings〉라는 곡 가사를 보면 "나는 독수리보다 더 높게 날아오를 수 있답니다. 당신이 바람이 되어 내 날개 밑을 받쳐주기 때문이죠 I could fly higher than an eagle. For you are the wind beneath my wings"라는 표현이 나옵니다. 저는 이 바람이 하는 일이 투자자의 돈이 하는 일과 같다고 생각했습니다. 새들은 바람 없이 날갯짓만으로도 어느 정도 떠오를 수 있지만, 수백 수천 킬로미터가 떨어진 목적지까지 도달하기는 불가능할 겁니다.

기업이 투자자의 도움으로 더 멀리 날아가 목적지에 도달하면, 그 여정의 성과는 결국 투자자에게 돌아옵니다. 그렇게 돌아온 투자의 성과는 투자자가 다음 비상을 준비할 수 있게 하는 추진력이 됩니다.

이처럼 서로의 날개를 받쳐주는 바람이 되어 함께 날아오르는 것이야말로, 창업자와 투자자가 만들어갈 수 있는 가장 아름다운 비행일 것입니다. 이 책이 창업과 투자라는 미지의 길에 들어선 여러분께 작은 이정표가 되고, 의미 있는 길잡이가 될 수 있기를 진심으로 바랍니다.

INVESTOR'S MONEY